信頼されるリーダーになるための37の「やめる」

チェンジ・アーティスト代表
荻阪哲雄
Ogisaka Tetsuo

ぱる出版

はじめに

「信頼されるリーダー」とは、どのような人物なのか？


本書を手に取っていただきまして、ありがとうございます。

株式会社チェンジ・アーティストで代表を務める、荻阪哲雄《おぎさかてつお》です。


「今、部下への伝え方で迷っている！」

「どうすれば、下の立場の人に『自分の言葉』が伝わるのだろうか」

「部下が自発的に動くには、何をしたらいいのか」


これは、リーダーの役目を担われている誰もが持つ悩みでしょう。

本書の目的は、このような悩みを持つあなたの問題解決を、手助けすることです。

私はこれまでに、企業のトップリーダーや中間管理職から現場の社員の方まで、企業組織で働くリーダーを支える「組織開発の参謀」として、未来ビジョンストーリーの構築から「やめる」戦略の策定、展開、定着を通じ、組織マネジメントを援助してきました。

これらの方法と成果は、拙著『リーダーの言葉が届かない10の理由』（日本経済新聞出版）にまとめ、上梓しています。日本企業が持つ「ビジョン問題『10の壁』」を提起し、組織の問題解決をトップダウンとボトムアップの結束力で促進させる変革手法「バインディング・アプローチ®」を考案、体系化を試み、世に問いました。

2016年からは多摩大学経営情報学部で教鞭を執り、「ビジョン・マネジメント論」を開講、同大学大学院ビジネススクールでは「ライフシフト論 ―人生の成長戦略―」を開講して研究・教育を進め、志を持つリーダーの養成を支えてきました。

私は、30年にわたる企業支援のコンサルティングを通じて、多くのビジネスパーソンと出会いました。その中には、「信頼されるリーダー」として成功を遂げ、職業人生の道を切り拓いた方々もいれば、逆に、残念ながら部下から「不信を招くリーダー」となってしまった方々もいました。

こうした、リーダーにおける「結果の違い」は、どこで生じるのでしょうか。

実績、スキル、人望などでしょうか？

確かに、こうした要素は必要ですが、決定的な要素は、たった1つです。

それは、**部下が安心して話をすることができ、その話を聞いて一緒に変わることができるリーダーであること。**

それこそが、信頼されるリーダーの「あり方」だったのです。

では、そもそも信頼されるリーダーとは、どのような人物なのでしょうか？

結論からお伝えしましょう。

信頼されるリーダーとは、**部下の成長を支え、人と組織を育て、働くカルチャー（文化）**

をより良く変えていくプロフェッショナルです。

つまり、個人の成果だけでなく、チーム・組織全体の発展に貢献し、メンバーの潜在能力を開花させ、働く人々の実践の質を向上させるリーダーなのです。

これが、私がクライアント企業での5万時間・1万7000人に及ぶリーダー支援を通じて辿りついた、信頼されるリーダーの定義です。

この信頼されるリーダーのあり方を、読者の方々に具体的な姿と作品でお見せするべく、ビジネス小説『社員参謀！ 人と組織をつくる実践ストーリー』（日本経済新聞出版）を発表し、信頼されるリーダーが組織づくりのプロフェッショナルであることを、書き下ろしました。

その後、多くの読者の方々から、「この主人公のようなリーダーになるには、何から始めたらいいのか」「本に出てくる姿晋介（上司）と本城恵美（部下）のような、協働のパートナーシップを築くには、どうしたらいいのか？」という質問をいただきました。

本書『信頼されるリーダーになるための37の「やめる」』では、その声にもお応えし、企業の組織開発参謀としての実践知を、リーダーの「やめる」戦略として厳選し、わかりやすく「5つの柱」にまとめました。

今回、「やめる」にフォーカスしたのは、**信頼されるリーダーは、「やること」の前に「やめること」を決めているから**です。

あなたがマネジメントを通して「やめること」を自己決定すると、組織の優先基準が示され、部下が「やること」に速く集中できるようになります。

つまり、**信頼されるリーダーは、先に「やめること」を決め、部下と一緒により良い道を築いている**のです。

本書では、私が実際に見てきた事例をベースに、37の「やめる」戦略を初公開します。組織づくりに成功するリーダーが、「やめていること」「やっていること」を示し、その思考や行動のスタイルを明らかにしていきます。

最初から順番に読んでいただいても結構ですし、気になるページから読み進めていただいても、わかるように構成してあります。

想定した読者は、部下や後輩を持つ30代・40代、組織のチーム力をもっと向上させたいと願う中間管理職のミドル、そして、信頼をつくり自己成長を目指す方々です。

具体的な対象としては、このような方々です。

・会社の上司、マネジャー
・お店で働くオーナー、店長
・スタートアップ企業の経営者、役員
・スポーツ組織を率いるチームリーダー
・先輩と呼ばれる方々
・病院や学校で働く先生
・団体コミュニティーの責任者
・家族をまとめる父母の方々

このように、1人でも結果を導く相手がいる方、そのリーダーに向けて執筆しています。

組織でよく起こる事例を取り上げることで、あなたの働く職場に置き替えてイメージできるようにしてあります。

本書を読むと、**あなたと部下のあり方を見つめ直すことができ、結果を導く実行のポイントが得られることが、最大のメリット**です。

本書を実践ガイドに、1人でも多くのリスペクトし合える部下を育ててください。

それでは、共に始めましょう。

信頼されるリーダーになるための37の「やめる」

目次

第1の柱　環境づくり
部下が安心して働くための「やめる」

第2の柱 動作づくり

部下が楽に話せるための「やめる」

第3の柱 傾聴づくり

部下が遠慮なく聞けるための「やめる」

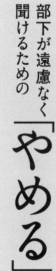

第4の柱 相談づくり

部下が相談しやすくなるための「やめる」

第5の柱 変化づくり

部下と一緒に変わるための「やめる」

●ブックデザイン・DTP　吉崎広明（ベルソグラフィック）
●企画協力　ネクストサービス株式会社（代表　松尾昭仁）
●編集　岩川実加

いまここ

第1の柱
環境づくり
部下が安心して働くための
「やめる」

第2の柱
動作づくり
部下が楽に話せるための
「やめる」

第3の柱
傾聴づくり
部下が遠慮なく聞けるための
「やめる」

第4の柱
相談づくり
部下が相談しやすくなるための
「やめる」

第5の柱
変化づくり
部下と一緒に変わるための
「やめる」

第1の柱

環境づくり

部下が安心して働くための「やめる」

01

時間

「曖昧な会議」を、やめる

信頼を築くリーダーは、部下が安心して働くために、真っ先に「曖昧な会議」をやめます。何が曖昧なのでしょうか？

ズバリ「目的」です。

「なぜ、何のために、この会議を開くのですか？」という問いを、チーム・組織全体に問いながら、主旨や議題が曖昧な会議をすべてやめていきます。

この「やめる」戦略を進めながら、**部下が集中して、前向きな仕事ができる時間を生み出していく**のです。

たとえ1分でも1秒でも、前向きな時間は、部下の安心感を築きます。

一点集中して会議の目的を定めると、その主旨に合わせた「最適な時間」「適切なメンバー」「必要な資料」が明確になります。

今、あなたの仕事では、目的が曖昧な会議に割いている時間の割合はどのくらいですか？

企業コンサルティングでミドルの方々に「無駄な会議はありますか」と質問すると、「あります」と答える方が90％以上存在しています。

オンラインツールや技術が整い、リモート、対面を使い分ける会議効率化が進む一方、主旨や議題が曖昧なまま開かれる会議は減ってはいません。

目的が曖昧な会議や打ち合わせが、日本の職場では無数にあるのです。

では、そもそも会議の目的にはいくつ、何があるのでしょうか？

大別して5つあります。

目的①【報告・説明】業務の進捗報告、取り組み事項の説明、情報の共有

目的②【問題の発見】今、起きている問題と、これから起こる課題の設定
目的③【アイデア・智恵出し】問題解決へのアイデア・智恵出し
目的④【決定・解決】議題の承認、意思決定、衆智を集めた問題解決
目的⑤【人的交流】働く人々がお互いの人柄、経験、興味を知り合うこと

現在、**日本で行われる会議の生産性が低い最大の理由は、「目的の重複病」や「目的の未定病」が、職場のカルチャー（文化）に染み込んでしまっていること**です。

「目的の重複病」とは、例えば、【報告・説明】【アイデア・智恵出し】【決定・解決】の3つを目的に詰め込んでしまう会議などです。

この場合、意思決定に関係のない人まで会議に呼んでしまうことになります。すると、本来不要な資料づくりや、議論の長時間化が生じます。

それは、会議に参加する人達にとって、無駄な時間となってしまいます。

一方、**「目的の未定病」とは、議題やテーマはあっても、会議の目的を明確に定めてい**

ない会議などです。

ふと気づくと、会議のための会議になっている場合など、会議という手段がいつの間にか目的になって運営されているケースがそれに当たります。

この「目的の未定病」は、主旨が曖昧で無駄だと思いながらも、誰も口に出せない職場のカルチャー（文化）が、蔓延の原因となっています。

信頼を築くリーダーは、「目的の重複病」と「目的の未定病」を解決して会議の生産性を上げ続けるために、会議の目的は1つ以上設定しないようにします。

会議は「1会議・1目的」です。

1つの会議に1つの目的を定めることで、「最適な時間」「適切なメンバー」「必要な資料」が整い、生産性は向上します。

信頼されるリーダーは、部下が安心して働くために、前向きな時間を生み出す。

不信を招くリーダーは、部下の不安に気づかず、集中できる時間を奪う。

02 対話

「建前で話す」のを、やめる

組織には、役員、部長、課長、マネジャーなど、役職の肩書があります。

この「立場」によって責任の範囲が定められ、業務を行う人、物、予算、情報が会社から与えられています。

立場に基づいて組織で働くことが共通の規定となっているのです。

信頼を築くリーダーは、部下が安心して働くために、立場の責任を果たすと同時に「建前で話す」のをやめます。

それは、どういうことでしょうか？

信頼を築く上司は、立場を離れ、全体にとって必要な考え方や自分の意見を部下に語ります。**自分自身として考えていることや持っている情報を隠さず、必要に応じて早めに伝えていくことを意識しています。**

それをオープンに行うことが、部下に安心感を与えるからです。

一方、立場に縛られて自分の本当の考えや意見を言わず、情報を隠し、形式的な「建前の発言」に終始しがちな上司もいます。

立場で物事を聞いて考えることが大前提となり、その立場以外のことは、組織全体にとって意味があることでも考えなくなってしまうのです。

あなたの働く職場では、どうでしょうか？

日本の組織に根深く存在する「ホンネ」と「建前」の二重構造の問題。

上司が本当に考えていること、思っていること、感じていることを語らず、今の立場から無難な「建前の発言」をしている姿を、部下が見て育ってしまうケースが往々にしてあります。

いまだに「建前が優先されるのが会社という組織だ」と思っている上司がいることに、今の時代の部下達は働く意欲を下げ、不安を持っています。

例えば、上司と部下の信頼が弱い企業のコンサルティングケースでは、上司の方々から次のような声を聞きます。

「うちの部下は、自分がどうしたいかを言えませんね」。

「1on1で私が寄り添っている意味を、部下はわかっていないんです」。

このような上司を持つ部下の方々からは、次のような声を耳にします。

「私の上司が本当にやりたいこと、思っていることがわかりません」。

「1on1の面談を形式的に行って、話をして終わりです」。

「うちの上司は、自らが問題を解決していく気がないのでしょうね」。

上司と部下のそれぞれが反目し合って、すれ違っている状態です。

このような関係では、時間が経つと「知らない」→「話さない」→「理解できない」という「不信のサイクル」に入っていきます。

すると、部下は上司の思いがわからず、言われたことだけしか行わなくなります。
こういった**縦割り組織の中に生まれる上司と部下の不信関係は、日本組織のイノベーションを阻む障壁になっている**のです。

しかし、信頼を築くリーダーは、このような不信関係に陥る前に、先手を打ちます。
部下に言わせる発想でなく、自分から先に建前の会話をやめて、本当に考えていること、思っていること、感じていることを部下に語ります。
この「やめる」戦略で**自分自身の語り方を変えていくことで、部下に安心感を与えていく**のです。
上司と部下とで本当に思っていることを話し合える日常そのものが、安心して働くためのバロメーターになります。

信頼されるリーダーは、自分の思いを先に語り、対話のあり方を見直す。

不信を招くリーダーは、自分の本音を出さず、クローズドな対話を続ける。

03

影響

「朝の不機嫌な顔」を、やめる

あなたは、朝の出社時やオンラインミーティング時に、自分の顔の表情を意識していますか?

「最近、ストレスが溜まっているな」。
「チームの目標数字が伸びず、落ち着かない」。
「身体のコディションが悪く、顔が暗いな」。

そんな独り言をつぶやきながら、快適な朝を迎えられていない方もいるかもしれません。

信頼を築くリーダーは、部下が安心して働くために「朝の不機嫌な顔」をやめます。
なぜなら、**上司・リーダーの「朝の顔」は、部下に不安感をもたらす要素にもなれば、**

安心感をもたらす要素にもなるからです。

リーダーの「朝の顔」は、部下の進める仕事に重要な影響を与えています。特に、仕事の意思決定に大きな影響を及ぼします。

部下は、あなたが思っている以上に、上司の「機嫌の度合い」を見ているのです。

ある大手企業で働くトップリーダーのMさんが、部下200名の事業部を預かっていたときの話です。

Mさんの下には、直接の部下となる7名のマネジャーがいました。

各マネジャーは毎朝、トップリーダーのMさんの顔色を伺い、機嫌の良し悪しを見定めていました。

そして、Mさんの機嫌が少しでも悪いと、「決裁は後へ回そう」「Mさんの機嫌が良くなる午後にしよう」と、意思決定が後ろへ後ろへと遅れる文化になっていました。

Mさんは仕事ができる切れ者リーダーで、当然、部下の方からは「朝の機嫌を良くしてください」とは言いたくても言えません。

リーダーの「朝の不機嫌な顔」が意思決定に影響を与え、仕事のスピードを遅らせていることに、Mさん自身は気づいていなかったのです。

このケースについて、Mさんと定例で行う個別コンサルでご一緒に考えました。

このとき、Mさんが自分自身を振り返って語られた場面が、脳裏に浮かびます。

Mさん「私は、組織マネジメントの基本を忘れていました」

筆　者「それは、どんなことですか？」

Mさん「部下にとっての『最大の環境』とは何か、です」

筆　者「Mさんご自身に向けた『問い』ですね」

Mさん「部下にとっての最大の環境は、上司です」

筆　者「このケースから、そこに気づかれたのですね」

Mさん「自分の『朝の顔』が部下にどう映っているか、見えていませんでした」

多くのリーダーは忙しく、自分自身の不機嫌な顔を意識していないのが現実です。

部下が安心して働くためには「朝の不機嫌な顔」をやめること。そして、部下にとっての最大の環境は上司である、と認識すること。

そうすることで、チーム・組織全体の仕事の仕方が変わります。

社会心理学者のクルト・レヴィンは、場の理論として【B＝f（P×E）】という公式を導きました。B（Behavior）〈行動〉は、P（Personality）〈個性〉とE（Environment）〈環境〉のf（function）〈関数〉で表されるというものです。

つまり、**1人ひとりの個性が働く環境に影響を与え、職場の環境もまた、働く人々の個性と行動に影響を与える、**ということを提示しています。

「朝の不機嫌な顔」はやめて、部下の担う仕事の意思決定を遅らせないよう、備えてください。

信頼されるリーダーは、朝の身体のコンディションを整える。

不信を招くリーダーは、朝の自分の表情に無頓着でいる。

04

関係

「上司と部下という言葉」を、やめる

あなたは今、上司と部下という言葉を聞いて、何が心の中に浮かびますか?

あなたが部下の立場なら、上司についてポジティブに捉えている場合、このようなことでしょうか。


「今の上司をリスペクトしている」。

「こんな上司になって成功したい」。

「うちの上司と話すと元気になる」。


逆に、ネガティブに感じられるなら、このようなことかもしれません。

「こんな上司にだけはなりたくない」。

「この上司のもとで部下として働きたくない」。

上司と部下という関係性の中にも、さまざまな情景や思いが浮かぶのではないでしょうか。

縦のヒエラルキーが強い組織では、「伝達の壁」が生まれ、情報の流れが上司からの一方通行になりやすくなります。

そうして部下が受け身になることに対し、信頼を築くリーダーは、素早く問題設定をします。

部下が安心して働くために、「上司と部下という言葉」をやめて、新たな関係をつくるのです。

「上司と部下という言葉」をやめる、つまり、上司が上で部下が下という「主従の関係」で捉えることをやめると、チームや組織は変わり始めます。

上下という言葉を使わずとも、リスペクトし合い、「あのリーダーと共に仕事がしたい」と思うようになる関係があります。

それは、上司であるリーダーの自信が伝わり、部下の成長と問題の解決に覚悟を持ってあたっていることを、部下が信じられるようになる関係です。

では、具体的には、どのような関係をつくればよいのでしょうか?

一言で言えば、**真の仲間になる「同志」という関係をつくる**のです。

「上司と部下」から「チームの仲間」へと、「主従の関係」を「同志の関係」にしていくのです。

ある大手メーカーで離職者が続く職場の立て直しを任された、リーダーKさんの言葉が脳裏に浮かびます。

「この組織を立て直すために集めなければならないのは、部下ではなく、共に職場を良くする同志です。同志とは、問題解決を通して真の仲間になれます」。

そう語ったKさんの職場は、半年後、離職者をゼロにすることに成功し、「助け合える組織」へ生まれ変わりました。

部下が安心して働くために、リーダーは、「チームの仲間」「同志の関係」をつくっていく必要があるのです。

あなたは、部下に対して、腹の底から仲間だと言える関係をつくっていますか。

上司が目の前にいる部下を真の仲間だと思えているかどうかが、部下が安心して働くための重要なポイントになります。

それは、部下は上司を選べない現実の中で働くことが多いからです。

ゆえに、あなたから、「上司と部下という言葉」をやめる。

そうして「主従の関係」を溶かし、「同志の関係」をつくっていくのです。

信頼されるリーダーは、現実を良くしていく「真の仲間」をつくる。

不信を招くリーダーは、自分に従わせる「部下」だけをつくる。

05

習慣

「肩書をメールに書く」のを、やめる

信頼を築くリーダーは、社内メールの書き出しに肩書を書くのをやめて、無駄な時間を省いていきます。

例えば、あなたが働くチームで、会議の開催メールをつくるシーンをイメージしてください。

投資案件の意思決定や予算決めの決議など、多くの部門やチームが関与し、管理職も多く参加するような会議の場合、その開催・調整・連絡には、多くの時間を取られるのが現実ではないでしょうか。

「役職に間違いはないだろうか」。
「宛名の肩書は階層順になっているだろうか」。
「組織や年次の序列にミスはないだろうか」。

会議の開催メールをつくる際、**不信を招くリーダーは、肩書や序列の確認に費やす時間が組織の生産性を低下させていることに、気づいていません。**

逆に、信頼を築くリーダーは、部下への配慮がまったく異なります。

例えば、会社全体で一気には変えられなくても、自分の権限をうまく使い、自組織のチーム運営では「肩書をメールに書くのをやめる」と決めます。

そうして、**部下が安心して働き、自分が担当する仕事の生産性を高めるために、チームに無意味な時間を取らせないよう、配慮を怠らない**のです。

以下は、ある企業のリーダーSさんが、部長就任初日に部下のHさんと会話をしたシーンです。

Sさん「おはよう」
Hさん「S事業部長、おはようございます」
Sさん「私の呼び方を、今日から変えていきませんか」
Hさん「どう呼んだらいいのでしょう……」
Sさん「事業部長という肩書は、一切使わなくていいですよ」
Hさん「すると、Sさんでいいのでしょうか？」
Sさん「その呼び方でいきましょう」
Hさん「肩書をつけて呼ぶのが自分の習慣になっていました」
Sさん「呼び方だけでなく、肩書をメールに書くのをやめると無駄な時間を省けますよ」
Hさん「日々の業務に追われているので、それは助かります」

この会話シーンでは、**Sさんから「上位者を肩書で呼ぶ」という職場の習慣を変える発**

案を投げかけています。

Sさんの「私の呼び方を、今日から変えていきませんか」という働きかけを受け、Hさんは呼び方を自分で考えて提案します。

そして、Sさんの「その呼び方でいきましょう」という後押しをきっかけに、Hさんは「上位者を肩書で呼ぶ」という職場にある暗黙の習慣に気づきます。

そのうえで**Sさんは、「肩書をメールに書くのをやめる」提案をすることで、部下のHさんにとって無意味な時間を削減できるように、心配りをしている**のです。

信頼されるリーダーは、無駄がある連絡のあり方を変え、部下を助ける。

不信を招くリーダーは、無意味な習慣に気づけず、部下に負担をかける。

06

視点

「弱みで見る」のを、やめる

あなたは「部下の強み」を、自分の言葉で語れますか？

ある組織のミドルの方が、部下についてこう語っていました。

「私はどうしても、部下の弱みが目につくのです」。

「弱みが気になるので、改善するように促しますが、一向に変わりません」。

このお話をお聞きしながら、そのミドルの方へ１つ質問をしました。

「では反対に、その『部下の強み』は、どのような点ですか？」。

するとその方は、「弱みなら10以上挙げられますが、強みは、ん……わかりませんね」と、口をつぐんでしまいました。

昨今、日本の組織には、こうしたミドルが多数いることに気づきます。ある意味で、部下の「弱み発掘リーダー」です。

冒頭で紹介したような、「部下の強みはわからない」と語るミドルの方とも、多くお会いします。

このような現象は、なぜ起こるのでしょうか？

それは、**「部下の強みを見つけると、自分自身の立場が危うくなる」と考えてしまうから**です。

自己に具わる防衛本能が、ミドルの「暗黙のルール」となって働くのです。

つまり、無意識に部下より有利な立ち位置を探すため、弱みを見つけてしまうのです。

一方、**信頼を築くリーダーは、部下の強みを見つけ、よりチームに貢献できるように、その能力を発揮させていきます。**

部下が組織全体に寄与することができるように、サポートを続けるのです。

それは、弱みの改善だけでは、部下がプロフェッショナルへ進化するための自信が持てないことを知っているからです。

では、部下の強みはどうやって見つけるのでしょうか？

それには、**部下の上手なことや、強みの芽を徹底的に探すこと**です。

例えば、部下のストロングポイントを、12の視点から共に発掘して磨いていきます。

①【よむ】強み……活字を読み、先の展開をよみ、情報を集めて企画する
②【きく】強み……話を共感してきき、問いをつくり、改善案を出す
③【書く】強み……資料作成が好きで、まとめる仕事に工夫を施す
④【考える】強み……自分の頭で考え抜き、商品コンセプトを発案する
⑤【話す】強み……演じ手となり、プレゼンテーターとして発表する
⑥【つくる】強み……創り手となり、商品・サービスをつくる、物をつくる
⑦【売る】強み……顧客対応、開拓、提案、受注獲得、フォローをする
⑧【調べる】強み……数字のデータ収集、計算、分析、しくみづくりをする
⑨【広める】強み……ＳＮＳや対面で、人・商品・企業を広めていく

⑩【育てる】強み………人材の能力育成や関係づくりを、粘り強く進める
⑪【支える】強み………人・チーム・組織を通じて、目標実現を援助する
⑫【組み合せる】強み…アイデアと人を結びつけ、新サービスをコラボする

12のストロングポイントから、部下に具わる複合的な強みを発掘します。**部下と働く中で強みの芽を見つけて、磨き、活かす**のです。

強みとは、部下が相手に求められ、教えられる、チームで成果を出せる能力です。それを知ると、個人で強みに自信を持ち、ペアで強みを学び合い、チームで強みを活かし合うことが可能になります。

この12のストロングポイントの特徴は、強みの相乗効果の中で、弱みをカバーリングできるようになることです。

信頼されるリーダーは、部下の「強みの視点」を活かし切る。

不信を招くリーダーは、部下の「弱み」だけを見つけ出す。

07

指示

「人をコントロールする」のを、やめる

以下は、ある企業での上司と部下の対話シーンです。あなたにはこんな出来事はありませんか？ 読みながらチェックしてみてください。

上司「明日の昼までに、この会議資料をまとめておいてくれ」
部下「いきなりですね、目的がわかりません」
上司「急ぎだ、頼むね」
部下「計画的に指示を出してほしいです。私達は機械でなく、生身の人間です」

この対話の後、上司が筆者に伝えてくれた言葉があります。

上司「このとき、部下に生身の人間だと言われて、ハッとしました」
筆者「それは、何にハッとされたのですか？」
上司「役職や肩書を持ったことで自分が偉くなったと勘違いして、部下を使っていました」
筆者「部下への指示の出し方、接し方に問題意識を持たれたのですね」
上司「無意識ですが、部下を機械のように操作し、コントロールしようとしている自分に気づいていなかったのです」
筆者「大切な部下の方を、意のままに動かそうとしている自分に気づかれたのですね」
上司「情けない話ですが、急いでいると余裕がなくなりますね」

このような「やらせる上司」と「やらされる部下」の関係では、部下は安心して働くことはできません。

では、上司は部下をコントロールしないで、何をすればいいのでしょうか？

それは、**操作しようという発想をやめて、部下の自発性を育むこと**です。

自発性とは、自ら進んでやろうとすることです。

あなたが支えるチーム・組織で部下の自発性を育むときに、必要な視点があります。
それは、**「部下が何を好きなのか」という一番の武器を知ること**です。

働く目的に繋がる自発性の源泉は、「好き」という人間のエネルギーです。
冒頭で紹介した上司と部下の対話シーンでも、仮に部下が資料づくりが好きなことを上司が知っていたうえで依頼したのであれば、受け手のやらされ感は、自発性へと変わっていたでしょう。

信頼を築くリーダーは、例えば、顧客のデータ収集と分析が好きな部下の場合、その能力を知り、その力をリスペクトした指示の出し方をしていきます。

上司「毎週、君が行ってくれているデータ収集と分析は、私達チーム全体の売上向上に繋がっている。急な仕事で悪いが、明日の昼までに、君の【調べる】強みを活かして、会議資料をできるところまでまとめてくれないか」
部下「明日の納期ですか？」

上司「突発案件で申し訳ないが、その資料を使って他部署の協力者を増やし、チームの顧客提案スピードを高めて利益を上げたいと考えている」
部下「わかりました。やれるところまで全力でまとめます」
上司「ありがとう。わからないことがあれば、適宜聞いてほしい」

このケースでは、仕事を任せるリーダーは、受け手である部下の状況を察したうえで部下の能力を信じ、その仕事がチームの貢献に繋がることを伝えています。

そして、この会議資料を通して何をしたいかのゴールを、部下と共に確認し合っています。

このように、**指示の出し方1つで、部下が安心して働けるようになります。**

信頼されるリーダーは、人を操作する自分都合の指示にならないよう注意する。

不信を招くリーダーは、人を自分の意のままに動かそうとする指示を出す。

08

育成

「部下育成を後回しにする」のを、やめる

信頼を築くリーダーは、部下育成（成長支援）を後回しにするのをやめて、人を育てながら、業績向上を目指していきます。

昨今、上司の方からよく聞く言葉に、「部下のタスク管理は徹底して行っていますが、部下の育成はうまく進んでいません」というものがあります。**管理業務のウエイトが高くなり、部下育成の優先順位が低くなっているケースが伺えるのです。**

今までは、管理職の仕事は管理業務の一辺倒で成り立ちましたが、時代の潮目は変わってきています。

部下育成を後回しにすればするほど、業績は低迷し、職場の魅力はなくなり、離職者は増えていきます。

今、この現実に備えるか否かが、リーダーに問われることになります。

生成AIとデジタル技術の発達により、これからの時代の管理職の仕事は、管理業務が大幅に削減され、部下の人間成長を支える業務へと進化していきます。

そのなかでも、大きく2つの業務が重要になっていくと筆者は見ています。

1つは、**「ビジョンファシリテーター」の仕事**です。部下が真剣になってワクワクできる未来ビジョンを描いて部下の共感を生み出し、業務目標に結びつけて部下をサポートしていく業務です。

もう1つは、**「社員参謀」という仕事**です。部下の実行を援助して、「目標未達の文化」から「目標実現の文化」へ、組織のカルチャーをメンバーと共に変えていく業務です。

企業のコンサルティング支援を通して部下育成が進んでいかないチーム・組織を見てみると、管理職の「3つの悩み」が浮かび上がります。

第1の悩み……「とにかく忙しくて育成の時間が取れない」

第2の悩み……業務マネジメントは教えられても、部下の成長を支援する「人間のマネジメントのやり方がわからない」

第3の悩み……人的資本経営の推進と言いながらも、会社からの人材育成に関する「具体的な支援がない」

調査機関（EdWorks社）が実施した企業の管理職（課長・部長クラス）への実態調査によると、部下育成に悩みを抱えている管理職は62％にのぼり、直属の部下の数が増えるほど悩みは増大しているといいます。

ちなみに、この調査の管理職の悩みのトップは「部下の成長意欲がない」というもので、多くの管理職が問題意識を持っています。

上司は育成の時間が取れない。部下は成長の意欲がない。
このような職場の状態では、離職者が増え、業績が低迷していくことは明らかです。

組織支援の現場で上司の方から「部下の成長意欲がない」という悩みをお聞きしたときに、ご一緒に考える問いがあります。

それは、**「あなたは上司として、さらに成長しようとする意欲はありますか」**というものです。

信頼を築くリーダーは、部下だけでなく、自分自身も人間成長を目指します。

そして、部下育成を後回しにするのをやめて、部下と共に業績を良くしていくのです。

信頼されるリーダーは、部下育成を、自らの成長のために行う。

不信を招くリーダーは、部下自身に成長意欲がないと決めつける。

第1の柱
環境づくり
部下が安心して働くための
「やめる」

いまここ

第2の柱
動作づくり
部下が楽に話せるための
「やめる」

第3の柱
傾聴づくり
部下が遠慮なく聞けるための
「やめる」

第4の柱
相談づくり
部下が相談しやすくなるための
「やめる」

第5の柱
変化づくり
部下と一緒に変わるための
「やめる」

第2の柱 動作づくり

部下が楽に話せるための「やめる」

09

関心

「無関心な表情」を、やめる

上司・リーダーの部下に対する「無関心な表情」は、部下が安全（楽）に話せないチーム・組織に繋がります。

なぜなら、**目を見て話さない仕草や、関心のなさそうな眼差しから、部下は上司の無関心を知り、自分の思いを真剣に受け取ってもらえないと感じるから**です。

「うちの上司は私の思っていることなどに関心がなく、わかっていません」。

「面談ではプロジェクトの進捗は大丈夫かと聞かれますが、うわべだけです」。

部下がこのように感じてしまう上司には、次のような「3つの特性」が見られます。

①部下の気持ちを感じ取るのが不得意
②自分中心で進めていることに気づいていない
③部下の思い、考え方に共感を示せていない

残念ながら、こうした特性に、上司本人は気づいていません。

「大丈夫か」といううわべだけの気遣いは、部下から見透かされています。


そもそも、管理職の業務である「組織マネジメントの仕事」とは、いったい何なのでしょうか？

それは、**人を通して目標を実現することであり、部下が仕事へ意欲的に取り組めるようにすること**です。


上司の「無関心な表情」は、部下の成長をリードする「始まりの機会」を、最初から一瞬で奪っていきます。

これでは、部下の意欲を育むことはできず、チームのパフォーマンスを高めることはで

きません。

では、組織をマネジメントするうえで、はじめにリーダーに必要とされる能力とは、どのようなものでしょうか？

信頼を築くうえで要となる能力は、部下への「関心力」です。

その部下の思いを知ろうとする「交わり方」と言いかえることもできます。

関心力の高いリーダーは、朝の挨拶から部下の状態を知ろうとします。

例えば、リーダーから挨拶をすると、部下から反応が返って来ます。その挨拶の反応から、部下の状態を察するのです。

具体的な反応には、レベル①から⑤まで、5つのレベルがあります。

レベル①表情が暗く無視した状態
レベル②目を合わせず儀礼的
レベル③前は向いているが声は小さい
レベル④目を見て元気よく挨拶を返す

レベル⑤ 明るい挨拶の後、部下から話しかけてくる

あなたの職場の挨拶は、どのレベルにあるでしょうか。

部下への関心力が高い上司・リーダーは、各メンバーとの絆を深めたいという思いを込め、毎日の挨拶を続けています。

部下が安全（楽）に話せる関係づくりは、上司が部下1人ひとりへ関心を持つことから始まります。

リーダーの部下に対する「無関心」は、メンバーへと一瞬で伝わり、不信の壁をつくってしまうのです。

信頼されるリーダーは、自らが進んで部下を知ろうとし、自然に関わる。

不信を招くリーダーは、部下の状態に関心を示さず、交わりが浅い。

10

心境

「あわてる」ことを、やめる

日々の職場において部下は、常にリーダーが頼りになる人なのかを観察しています。

その中で**「上司のあわてる姿」は、部下を不安にさせてしまいます。**

例えば、突然顧客からのクレームが入って大型契約の打ち切りを告げられた、思いもよらない部下から離職の申し出があったなど、平静を装っていても、心の中で「あわてる」場面が訪れることがあります。

突如トラブルが起こったとき、あなたはどのように対応していますか？

不信を招くリーダーは、トラブルが起こった際、とっさに次のような態度を部下に見せてしまいます。

それは、**【①怒る】【②愚痴る】【③逃げる】**という「トラブル対応の三毒」です。

①「これはいったい、どういうことなのだ！」と感情的に怒る。
②「なんで、こんな事態になるまで知らせなかったのだ！」と愚痴る。
③「この欠品クレームは、うちのチームには関係ないだろう！」と問題から逃げる。

こうした態度を見せてしまう上司には、部下が安全（楽）に話すことはできません。

一方、信頼を築くリーダーは、異なる「3つのステップ」を示します。

それは、**【①状況を知り抜く】【②即、手を打つ】【③皆で解決へ向かう】**ことです。

①あわてる部下を落ち着かせ、起きたトラブルの状況を静かに聞く。
②今、できる処置を即、部下と共に取り始める。
③トラブル対応を担当者任せにせず、「逃げない姿」を部下に示す。

リーダーは、その状況判断ができる自分と組織を育てているのです。

若き日に、「人間の強さ」について父と語り合った際、父が語った言葉が脳裏に浮かびます。

「人間の強さとは、腕力ではない。思いもよらなかったハプニングや突発事案が起きたときに、冷静に、その場に合った『最高の処置』が取れることこそが真の人間の強さだ」。

さらに、恩師からは、壁にぶつかって悩んだときに、「リーダーの強さ」について学びました。

「リーダーとは、用心深くて、細心で、油断しない。いつでも何とはなしに、何らかの準備をしている。孤独だが強い。1日1日が自分自身との真剣勝負だからである」。

この2つの「強さ」の意味から学んだことは、**うまくいかなかった結果や人間の持つ弱さを自分自身が受け入れ、それに対して備えられると、臨機応変に対応できるようになる**ということです。

この視座について、企業の組織開発支援を通して、さまざまな企業リーダーの方々と考察してきました。

その実践過程で確かに見えたことは、**信頼を築くリーダーは、問題解決への備えを、部下と共に労を惜しまずに行っていること**です。

そうすることで、どのような状況でも「あわてない」心境を保てるのです。

混乱する意識と言葉と身体をいったん静かに小休止させ、気持ちを落ちつかせます。

その後に問題の渦の中へ身を置き、逃げない自分自身と、部下を育てていきます。

そのリーダーの戦略が、「『あわてる』ことを、やめる」なのです。

信頼されるリーダーは、突発事案発生時、自分の心境を見つめて静かに対処する。

不信を招くリーダーは、トラブル対応にあわて、部下に丸投げする。

11

表情

「険しい顔」を、やめる

上司の「険しい顔」は、業界を問わず、部下を話しにくくさせます。

「険しい顔」とは、具体的には、眉間にしわが寄る顔つきなどです。

穏やかな笑顔の上司と、眉間にしわが寄った険しい顔の上司。

どちらが安全（楽）に話しやすいかは、一目瞭然です。

「そんなことはわかっています」と言われる上司の方がいますが、**険しい顔になるのは無意識であることが多く、人に言われるまで気づかないのが実情**なのです。

わかっていても、やってしまっているのでは意味がありません。

「険しい顔」の上司は、自分では意外とその姿に気づいていません。

そのような上司のもとで働く部下の方々から、共通して聞く言葉があります。

「あの険しい顔を見ると、話そうと思う気持ちが失せていきます」。

「眉間にしわが寄る上司の顔は、早く話を終わらせろというサインなのです」。

このような状態は、上司にとっても部下にとっても深刻です。

この問題には2つのケースが隠れています。

1つは、上司自身が不機嫌で、険しい顔になっているケース。

もう1つは、上司のもともとの顔つきによって、考える際に眉間にしわが寄ってしまうケースです。

前者のケースでは、上司自身が不機嫌な顔つきを自覚しやすいのですが、後者のケースでは、不機嫌な顔つきが生い立ちや経験、性格からも来ているので、上司本人は意識しにくいのです。

ある大手企業のマネジャーNさんは、仕事ができて周りからも一目置かれる人でした。情熱もあって優秀なNさんと、部下のBさんとの会議での対話場面を紹介します。会議で報告を聞き終えたNさんが眉間にしわを寄せ、険しい顔になっています。

Nさん「プロジェクトの顧客へのフォローは、どうなっているのだ？」
Bさん「チームで分担していて、1週間後に納品予定です」
Nさん「それでは遅いな」
Bさん「顧客との約束は1週間後で設定しています」
Nさん「今回は約束より早く納品できると顧客の期待を超えられるぞ」
Bさん「抜けていました。皆で3日後に納品できるようにやってみます」

顧客の期待を超えるように正論の指示を出すNさん。
リードタイムを短縮できるようチームをまとめるBさん。

一見、うまく進んでいるように思える上司と部下の会議でのシーンですが、ファシリテーターを担っていた筆者には、気になることがありました。
それは、マネジャーNさんの眉間にしわが寄ったのを見たとき、返答するBさんの右手が震えていたことです。

Bさんは、安全（楽）に話すことができず、萎縮していました。
Nさんは、そのことに気づいていなかったのです。

つい無頓着になりがちな表情ではありますが、**上司・リーダーの立場の方は意識して「険しい顔」をやめ、部下が安心して話せるように心がけることが重要**なのです。

信頼されるリーダーは、自分の表情に注意を払い、部下を怯えさせない。

不信を招くリーダーは、自分の表情に無頓着で、険しい顔で部下を委縮させる。

12

動作

「両腕を組む」のを、やめる

信頼を築くリーダーは、自分の動作に気を配っています。

会議や打ち合わせで座っているときに両腕を組む上司。

このボディーランゲージは、部下が安全（楽）に話せない要因の1つになります。

上司が腕を組んでいるときは、無意識のうちに警戒する態度になっているということを、部下は見透かしています。

また、部下の目には、上司が本心を隠しながら話を聞いているようにも映ります。

そして、そんな腕を組む上司の姿勢に、部下は威圧感を感じます。

したがって、腕を組むというボディーランゲージをすることで、部下に次のような影響を与えていることを、腕を組む上司は知っていなければなりません。

第1に、部下の目には「私は偉い人だ」という態度に映っていること。
第2に、部下への「言いたいことを隠す」防御のシグナルになっていること。
第3に、部下に「威圧感」を与えていること。

あなたには、思いあたることはありませんか?

「腕は組むけど、そんなつもりはないよ」と思っている上司の方もいらっしゃると察します。

しかし、自分自身ではそう考えていなくとも、無意識に身体が動いてしまっているケースもあります。

自分（上司）の考えと、相手（部下）の感じ方は、一緒ではありません。

この「腕組み上司」の方々は、よく見ていると、両腕を組むポーズから、片手を顎に置くポーズに移行します。

このボディーランゲージは、表向きは「私は真剣に考えている」と伝わりそうですが、部下から見ると「会話の圧迫」になっています。

そこからしばらくすると、部下の顔を見ず、視線が下向きになるという動作へ移行していきます。

こうしたボディーランゲージを取っている間に、部下が安全（楽）に話せない空気が生まれているのですが、「腕組み上司」の方々は、そのことに気づいていません。

したがって、あなたが働く職場で部下が安全（楽）に話せるために、上司の動作が【両腕組み】↓【顎あて】↓【下向き】という流れになってしまっていないか、チェックしてみてください。

こうした**上司の無言の動作やボディーランゲージが、部下が話す際の壁になっていることを知ることで、上司は自分の部下への「映り方」や「接し方」を直していくことができます。**

そうして上司の動作が変わることで、部下が安全（楽）に話せる環境がつくられていきます。

前章でもお伝えした「部下にとっての最大の環境は上司である」というその「環境」とは、言葉だけを指すのではありません。

「上司の動作」が「部下の行動」に影響を与え続けていることを、意識してみてください。

信頼されるリーダーは、腕組みポーズをやめて、部下を近づける。

不信を招くリーダーは、腕組みポーズを取り、部下を遠ざける。

13

姿勢

「上目線の対話」を、やめる

信頼を築くリーダーは、「上目線の対話」をやめて、部下と共に答えを見つけていきます。

上目線で話すとは、どういうことでしょうか？

対話する相手（部下）を、自分（上司）が、見下す関係で話していることです。

「上目線の対話」で残念なのは、その状態に上司が気づいていないことです。

例えば、何かを知っている人が、「彼はわかっていない」と決めつけて話す。

何かを理解できない人に、頼まれもしないのに「そうじゃない」と伝える。

何かの経験がない人へ、自分の価値観だけを押しつけて語り出す。

さらに、上司が部下に対して上目線になるとき、上司の1つの性質が浮き彫りになります。

それは「傲慢さ」です。

「これに決まっている」。
「わたしが教えてやる」。
「この通りにすればいい」。
「それをしないとうまくいかないよ」。

こうした上目線の上司は、自分の言葉が部下への親切心だと勘違いしていることに気づいていません。

無意識に傲慢な考えを持ってしまっているケースがほとんどなのです。

では、なぜ傲慢な態度になってしまうのでしょうか？

上目線の上司は、実は不安が強く、自信が持てない人に多いのです。

その不安感から強い押しつけ口調になり、攻撃的な態度で話してしまうのです。

あなたは、このような上目線の態度になっていないでしょうか。

例えば、ある大手企業に所属するマネジャーのTさんが、疲れた表情で語ったエピソードを紹介します。

Tさん「今日の上司からの徹底的なダメ出しには、まいりました」
筆　者「どんなダメ出しだったのですか？」
Tさん「『このケースのときは○○から取りかからないとダメだ』『前のプロジェクトでも伝えているじゃないか』と、自分の進め方を強引に押しつけてくるのです。答えは自分が持っているからやれ、という指示に辟易しています」

こうした、上目線で部下に接する上司。

本人は部下のためにと思ってやっているので、事態は深刻です。

あなたは、自分の答えを、部下に無理に押しつけてはいませんか？

特に、「上司とは、早く答えを出さねばならないものだ」と自分自身を縛りつけてはいないでしょうか。

その**自分を縛っている思い込みもまた、上目線になる要因の1つ**です。

ゆえに、上司・リーダーの立場の方は「上目線の対話」をやめて、捉え方を次のように見直してみると、効果があります。

「上司である自分も、確かな答えを持ってはいない」。

「これからは、部下と共に答えを見つけていく」。

そうすると、自分が楽になり、部下も安心して話せる関係をつくることができます。

信頼されるリーダーは、わからないことを知らないと言える姿勢でいる。

不信を招くリーダーは、自分の答えを無理に押しつける姿勢でいる。

14

規制

「肩に力が入る」のを、やめる

あなたは、大切な何かを一生懸命にやっている部下に、「もう少し肩の力を抜いてやったらいいよ」とフィードバックをすることはありませんか？

昨今、会議の方針説明で不思議な光景を見かけます。

それは、部下に「肩の力を抜いて」と伝えているわりには、上司自身が肩に力が入ってしまっているケースです。

肩に力が入った上司を見ると、部下が心配になって、安全（楽）に話すことができなくなります。

肩に力が入ってしまう上司には、1つの特徴があります。

部下に話している際に顔色がうっすらと赤くなり、力んでしまうことです。

こうした上司には、責任感が強く、繊細で、まじめな方が多い印象です。


では、この力みは、どこから来るのでしょうか。

それは、心が緊張することで、体も緊張し、力が入ってしまうところから来るものです。

こうした上司の緊張感は、部下にそのまま伝わります。


肩に力が入る上司は、無意識に緊張を隠そうとしてしまい、さらに肩に力が入って、説明している方針や計画の内容が伝わりません。

そうして部下の納得感を得られないことが、しばしば起こります。


どれだけ緻密にまとめた方針や計画も、肩に力が入ってしまう上司の姿では、真意が部下に届かないのです。

あなたは、肩に力が入った状態で、方針や計画を伝えることはありませんか。

「恥をかいてはならない」。

「弱みを見せるべきではない」。

「部下にバカにされてはならない」。

「わからないことを隠さなければならない」。


肩に力が入ってしまうリーダーは、このような「無意識の自己規制」に気づいていません。

この「無意識の自己規制」とは、誰もが持ってしまう「暗黙のルール」であり、自分で自分を縛っている事柄です。

これを「働く信号機」と呼んでいます。


「○○であらねばならない」。

「○○したほうがいい」。

「○○してはならない」。

この「働く信号機」が、あなたの行動を迷わせたり、止めたり、進めたりしています。

ゆえに、**上司は、自分を縛っている「自己規制」を見つければ楽になれます。**

信頼を築くリーダーは、弱みを伝えることで、部下が安心して話せることを知っています。

もしも自分が緊張しているときなどは、先に「緊張しているよ」と伝えてしまい、肩に力が入らないようにします。

飾らない自分を伝えて、部下と話し合いを進めるので、信頼が生まれます。

「信頼」とは、信じて頼ることから、すべてが始まるのです。

信頼されるリーダーは、肩の力を抜いて、「自己規制」を解いていく。

不信を招くリーダーは、自分をよく見せようとして、「自己規制」をかけていく。

15

話術

「リーダーが話しすぎる」のを、やめる

信頼を築くリーダーは、自分が話しすぎるのをやめて、「相手中心」に接していきます。

あなたは、「何度言ってもわかっていないな」と感じつつ、部下に話し続けていることはありませんか？

話を聞く部下は、「この話はいつ終わるんだ」とうんざりしながらも、上司の話を聞いているふりをしています。

話しすぎる上司は、部下を思って伝えているのですが、部下がうんざりしていることや、聞いているふりをしていることに気づいていません。

「話しすぎる上司」と「話し合う上司」は、明らかに違います。
「話し合う上司」は、部下の様子を見て、理解し合う対話を心がけています。
その結果、部下は、安全（楽）に話しやすくなります。

では、「話しすぎる上司」は、なぜ話しすぎてしまうのでしょうか。
そこには、上司の「3つの癖」があります。

第1の癖……部下の状況をよく見ていない「上司本位」になっている状態
「部下はわかってないな」という典型的な決めつけの口ぐせを言うケース
第2の癖……部下の思っていることに耳を傾けない「傾聴不足」になっている状態
「部下に聞くより自分で伝えた方が早い」と判断して、一方的に話すケース
第3の癖……部下の考える力を奪ってしまう「指示命令」になっている状態
「部下に指示命令して進めるのが成功の近道だ」と考え、話しすぎるケース

こうした上司は、自分が話せば話すほど部下が受け身になり、思考が中断していることに、気づいていません。

棋士の羽生善治さんは、アマチュアと、プロと、一流のプロ棋士の違いを、次のように述べています。

「アマチュアは、自分の好きな手だけを指しています」。
「プロは、相手を見て指すことができます」。
「一流のプロは、それを続けることができます」。

それでは、これを「上司と部下の対話」に置きかえてみましょう。

「アマチュア上司は、自分の関心のあること、好きなことだけを話します」。
「プロ上司は、部下を見て、相手が聞きたいことだけを話すことができます」。
「一流のプロ上司は、それを継続することができます」。

その視点で上司の部下に対する話し方を観察すると、**「話しすぎる上司」は、相手を見ていない「アマチュア」**なのでしょう。

特に、上司が「自分中心」で話しているときは、部下と共に安心して話し合える関係を築けていません。

あなたには、思いあたることはありませんか。

「あぁ、やってしまっているな」と感じられたときこそ、**話しすぎるのをやめることで、部下との信頼の絆を、共に育てることができるようになる**のです。

信頼されるリーダーは、「相手中心」に話を聞き、部下と対話を進めていく。

不信を招くリーダーは、自らの話術を見直さず、「自分中心」で話し続ける。

第1の柱
環境づくり
部下が安心して働くための「やめる」

第2の柱
動作づくり
部下が楽に話せるための「やめる」

いまここ

第3の柱
傾聴づくり
部下が遠慮なく聞けるための「やめる」

第4の柱
相談づくり
部下が相談しやすくなるための「やめる」

第5の柱
変化づくり
部下と一緒に変わるための「やめる」

第3の柱

傾聴づくり

部下が遠慮なく聞けるための「やめる」

16

工夫

「忙しくしている姿」を、やめる

信頼を築くリーダーは、「忙しくしている姿」をやめて、部下が声をかけやすいように自分の振る舞いを整えています。

上司と部下、双方が相手に話しかけない要因として、「忙しそうなので自分からは話しかけていません」という声を耳にすることが多くなっています。

あなたの働くチームでは、お互いに声をかけやすいですか？

確かに、**昨今の職場では日々の業務量が増加しているので、声をかけづらい、わからないことがあっても聞きづらいという現実があります。**

そんな状況を少しでも良くしていくために、信頼を築くリーダーは、部下から声をかけやすくする、質問をしやすくする日常の工夫をしています。

それは、リーダーである自分自身から、「忙しくしている姿」を、やめること。

部下に対する、上司の「映り方の戦略」です。

このようなリーダーの工夫は、リーダー自身が部下の立場でいるときに、上司に「声をかけたいけど、聞きづらかった」という経験に基づくものです。

自らの経験を原体験に変えて、部下から声をかけやすいように、**自分自身の「働く姿」、つまり、部下から見える「映り方」を意識している**のです。

ここまでお読みいただいている読者の方には、

「そうは言っても、管理職は忙しくて、部下と話す時間が取れないですよ」。
「とにかく、人手不足で、手が足りていないので困っています」。

と、思われる方もいるでしょう。

今、あなたを取り巻く「管理職は忙しい」という現実。
それを、組織の「忙し病」と呼んでいます。

信頼を築くリーダーは、自分が「忙し病」にかからないように備えています。
どんなことでしょうか。

それは、**自分がどんなに多忙でも、部下に「忙しい」とは言わない。忙しそうにしない。その工夫をすること**です。

例えば、会議の時間に追われず、自分が時間を追っていけるように、業務のスケジュールを組みます。

具体的には、**会議と会議の間に余白タイムをうまくつくること**などがあります。

たとえ10分間でも、このときはスマホに釘付けにならず、時間を空けておく。

そうすることで、部下から「少しお時間、いいですか?」と声をかけやすくするきっかけをつくるのです。

このような、ちょっとしたリーダーの工夫があることで、部下が遠慮なく話しかけられる機会が生まれます。

信頼されるリーダーは、部下が話しやすい場を工夫してつくる。

不信を招くリーダーは、多忙にして「近寄るなオーラ」を出す。

17

体勢

「イライラしながら聞く」のを、やめる

信頼を築くリーダーは、部下の話をイライラしながら聞くのをやめて、自分自身の持つ怒りや苛立ちを静かに見つめています。

なぜなら、上司と部下の「イライラ関係」は、部下がプロフェッショナルへと成長するための「学びながら聞く会話」を遠ざけ、できなくしてしまうからです。

あなたは、職場で部下と話しているとき、イライラしていませんか?

上司がイライラしている体勢では、部下はわからないことを遠慮なく聞くことはできません。

例えば、どんなときにイライラするのでしょうか。

筆者はこれまでの企業コンサルティング支援を通じて、「イライラ関係」が起こるシーンを見てきました。


上司が部下にイライラするのは、次のような場合です。

「約束を守れない」。

「言われたことができない」。

「報告、連絡、相談が遅すぎる」。

「指示したことをやっていない」。

「目標が実現できなかった言い訳だけを繰り返す」。


逆に、部下が上司にイライラするのは、次のような場面です。

「うわべだけのいいねを言う」。

「的はずれの指示を出す」。

「自分がどうしたいかは言わない」。

「組織全体の方向性を示さない」。
「依頼作業を無計画に丸投げしてくる」。

それでは、なぜ上司と部下の「イライラ関係」は起こるのでしょうか。
その理由は、たった1つです。
相手が自分の期待した通りに動いてくれないから、です。

「自分の期待」と「相手の行動」に、違和感やギャップというズレが生まれたとき、上司と部下の「イライラ関係」は起きています。

あなたの職場の上司と部下の関係は、いかがでしょうか。

この「自分の期待」と「相手の行動」にズレが生じる状況を改善するために、信頼を築くリーダーは、最初の一手を打ちます。

それが、まずは自分自身から、部下の話をイライラしながら聞くのをやめること。その「体勢の戦略」です。

そのためには、**イライラしないようにと自分を否定するのではなく、イライラしているのだという正直な気持ちを、先にそのまま受け入れることが大切**です。

つまり、今あなたが抱えている怒りや苛立ちをあなた自身がつかまえて、イライラがあることを肯定し、静かに見つめてみるのです。

そうして、部下の話をイライラしながら聞くのをやめると、前向きな「聞く体勢」になり、あなた自身も楽になれます。

信頼されるリーダーは、静かに自分のイライラを見つめ、肯定する体勢を築く。

不信を招くリーダーは、自分の怒りを受け入れず、認めることができない。

18

思考

「答えは1つだ！」を、やめる

仕事をする中で、例えば「1+1=2」というような1つの「正解」を、間違えずに早く求めたいという発想が、私達の中にないでしょうか。

式に当てはめて、1つの答えを出すという思考。

それは、これまでの知識や枠組みで考え、早く正解を出していく方法です。

受験勉強では必要な思考法ですが、ビジネスの実務現場では不思議と、このような「正解1つ思考」が足かせとなり、クリエイティブなアウトプットがなかなか生まれてこないケースがあります。

では、そもそも、「正解1つ思考」は、何が問題なのでしょうか。

この問題の本質は、「1＋1はどのような答えになりますか？」という、**あらかじめ「答えのある問い」が与えられてしまっており、「答えのない問い」を自らが進んで導く設定ができていないこと**です。

ビジネスの実務現場で上司と部下が向き合う問いは、「答えのある問い」だけではありません。

「顧客の期待を超える商品を提供して、業績を改善する方法とは何か」。
「自分達1人ひとりにとって、この組織で働くことはいかなる意味を持つのか」。
「職場で離職者が出ないようにするために、今、何が必要なのか」。

これらは、目の前にある問題を解決していく「主体的な問い」であり、唯一絶対の答えがあるわけではありません。**「答えのない問い」を立て続けることが必要**になります。

ある大手企業U社の商品開発部門で、トップリーダーのPさんが「変化の問い」を立てた話をご紹介します。

「これから皆で力を合わせて、信頼される開発センターとなり社業に貢献する。そのために私達に必要な行動とは何か？」。

その問いを、Pさんは「変革ビジョン」として部下に投げかけ、対話を進めました。

そして、そこから生まれた「3つの判断基準」を、信頼される開発センターへ変わるための仕事の判断ルールに定めたのです。

第1の判断基準「私達は、侃々諤々《かんかんがくがく》の開発センターへ変わる」

イノベーションへの挑戦に上下はない。答えも1つじゃない。

下が上を突き上げて、なんでも言い合える積極的な対話を進め、1人ひとりが新アイデアを具現化する研究者になる。

第2の判断基準「私達は、違いがわかる開発センターへ変わる」

今、自分達の取り組んでいる材料、商品の開発は、世界、市場、業界、顧客、競合から見て何が違うのか？ 常にその違いを意識して進める研究者になる。

第3の判断基準「私達は、約束を守る開発センターへ変わる」
会社への約束。お客さまへの約束。上司への約束。部下への約束。
私達は、皆で約束を守る研究者になる。

「答えは1つだ！」という発想をやめて組織の体質転換に挑んだU社は、経営と現場とで粘り強く商品を育て、後に「世界1位の材料開発」に成功しています。

私達が働く中で直面するビジネス課題は、答えが1つではありません。その時々の条件によって、導くことが必要な解は、速いスピードで変化していきます。

これからの時代に求められるのは、生身の人間ならではの「変化の問い」です。

信頼されるリーダーは、「変化の問い」を部下に投げかけ、共に思考を深める。

不信を招くリーダーは、早く「答え」を求め、話す時間を無駄だと考える。

19
修得
「話を単に聞く」のを、やめる

信頼を築くリーダーは、自分が驕《おご》らず、部下からも学ぶ姿勢を持つ「聞き方」をしています。

本書で示す「リーダー」とは、1人でも結果を導く相手がいる人です。

このリーダーの定義であなたの役目を考えると、相手の話を聞く場面が、無数にあることに気づくのではないでしょうか。

例えば、

・会議での「上司と部下」の進捗報告
・家族での「親と子」のリビングでの雑談
・学校での「教師と生徒」の進路相談

・飲食店での「店長と店員」の接客指導
・病院での「医師と看護師」の連携対話　など。

あなたは今、どんなリーダーの役目を担って、相手の話を聞いているでしょうか。
部下があなたにポジティブに話せて、あなたもうまく話を聞くことができるようになるポイントがあります。

それは、**相手の話を「学びながら聞く」こと**です。

この聞き方をするだけで、部下は上司に話したい、わからないことを聞きたいと感じるようになり、上司は部下との信頼の土台をつくっていきやすくなります。

相手の話を「何か1つでも学びながら聞く」というスタンスで聞くか、「話を単に聞いておく」というスタンスで聞くか。
この聞き方の違いで、相手との関係と掴める内容が驚くほど変わります。

部下の話からも学ぼうという真摯な姿勢の上司を見ると、部下はもっと聞いてほしい、話したいと思い、語り始めます。

そのとき、上司と部下の間に、遠慮なく話せる関係が育つのです。

ところが昨今、上司と部下の関係をサポートしていると、気がかりな声が上がります。

「うちの部下からは、何も学ぶことなどありません」。
「正直、どいつもこいつもスキル不足で、よく考えていません」。
「口でアピールするわりには、やるべきことができていません」。

このように、上司の方から聞く声は、部下の話から学ぶどころか、部下は「○○ができない」のオンパレードになっているのです。

上司からこうした声が出る関係性の組織には、1つの現象が見えてきます。

それは、事業の業績が低迷していることです。

上司が目標の未達に焦れば焦るほど、部下と学び合うことをしていない、という現実があります。

結果、目標の実現ができず、次々に離職者が出始めるのです。
あなたの働くチームでは、そのような日常がありませんか。

残念なことに、こうした上司は、自分の「学ぶ姿勢」そのものが部下の行動に大きな影響を与えていることに、気づいていません。

信頼を築くリーダーは、日頃からこうした状況にならないために、「話を単に聞く」のをやめて、学ぶ姿勢を持つ「聞き方」を徹底しているのです。

信頼されるリーダーは、自分の驕る姿勢を意識し、部下からも学び続ける。

不信を招くリーダーは、自分の慢心に気づかず、部下のダメな点だけを言い募る。

20

伝達

「自分で考えろと言う」のを、やめる

信頼を築くリーダーは、部下が多様な智恵を出せるよう、「伝え方」「問い方」に気を配っています。


忙しいときに、突発の顧客対応が発生し、質問をしに来た部下に一言。

「それは、自分で考えることだ。私に聞くことじゃないよ」。

「それくらい、自分の頭で考えられるだろう」。

「そんなことぐらい、自分自身で考えろ」。


あなたは部下にこんな言葉を伝えていませんか。

「自分で考えろ」と言いたくなる部下を持つ上司、多忙な上司の気持ちはお察ししますが、この「自分で考えろ」の前につく言葉が、「くせ者ワード」になります。

「それは」「それくらい」「そんなことぐらい」という言葉です。

これは、**上司が自分の基準で部下を判断しているときに、出てくるワード**です。

もちろん、提案・対応・アフターフォローにおける実務のクオリティーを上げることは必須です。確かに、上司の言う「そんなこと」の基準を理解できていない部下もいます。

例えば、顧客トラブル対応のパターンABCの対応手順が決まっている場合。

上司からすれば、「それはCパターンで対応したらいいのだ。なぜそれぐらいわからないのか」という意味で「そんなことぐらい、自分自身で考えろ」と言うケースです。

しかし一方で、ABCの対応手順は知ったうえで、自分なりに考えた「新たな対処方法」について、上司に質問して智恵を集めに来る部下もいます。それは、「この状況で本当に、あの顧客にCの対応でいいのだろうか」と部下が深く考えた結果です。

ところが、このような場合にも、部下の話をよく聞かずに「そんなことぐらい、自分自身で考えろ」と言ってしまう上司が多いのです。

するると、部下は「質問を禁じられた」「上司のフィードバックがない」と不信感を持って受け止めます。

このような場合、部下の能力を超える視点を、上司や周囲から集めることができません。

「自分で考える」とは、自分自身で深く考えることであると同時に、「本当にこの考え方でいいのだろうか？」と自分を過信せずに前向きに疑い、新たな解き方や判断の方法を見つけていくことです。

そのときに必要になるのが「自分で考える時間」のほか、「社外のアイデア」「上司の智恵」「同僚・仲間の経験談」です。自分の思考とは異なる視点を外から借りるのです。

つまり、**自分1人で孤立して考えるのではなく、衆智を集めて最善手を決めることが重要**なのです。

冒頭で紹介したケースでは、「自分で考えろ」と言えば言うほど、部下の能力が変わる瞬間を逃す、典型的な「外す組織マネジメント」になります。

ゆえに、「自分で考えろ」という言葉には、細心の注意が必要です。

逆に、**信頼を築くリーダーは、外さない「伝え方」「問い方」をします。**

部下が真剣に尋ねてきてくれたタイミングを活かし、仮に自分が忙しいときは、必ずその話を聞く約束をします。

自分が話を聞けるときには、じっくりと部下の話を聞き終えた後に、

「その計画で、あなた自身が本当に成し遂げたいことは何ですか」。
「その方法を考えるにあたり、どこから、どれだけの視点を集めましたか」。

と、部下の思いを受け止め、主体的な問いを立て、考える力を磨きます。

信頼されるリーダーは、部下が自分で考え、智恵が集められる「伝え方」をする。

不信を招くリーダーは、部下が1人で考えるように、「自分で考えろ」と言い続ける。

21 傾聴

「質問はNGというスタンス」を、やめる

信頼を築くリーダーは、チーム・組織で部下が遠慮なく質問できるようにするために、部下対話を促進する「3段階のきき方」を意識しています。

第1段階　報告を「聞く」（hear）……部下の話、数字、内容を、そのままきく
第2段階　思いを「聴く」（listen）……部下の話に身を入れて、耳を傾けて思いをきく
第3段階　問いを「訊く」（ask）……部下と対話を深め、質問をしやすいようにきく

対話上手なリーダーは、この「3段階のきき方」を知っているだけで終わらせず、状況に応じて使い分け、部下の話を「きく」工夫を続けています。

しかし、中間管理職やミドル層のリーダーシップ支援を通して、筆者が会議の進行をサポートしていると、無意識に、第1段階の「報告を『聞く』」きき方だけで、部下の話を聞いている方をしばしば見かけます。

一方、1on1ミーティングやコーチングを導入し、上司と部下の対話を意図的に進めている企業では、部下教育を促すため、第2段階の「思いを『聴く』」レベルを強化し、展開しているのを目にします。

ただ、このケースでも注意が必要です。
ミドルが多忙な中、1on1を形式的に、こなすように行っていると、第2段階の「聴く」が建前となり、第1段階の「聞く」へと戻ってしまっていることがあるのです。
「私の部署では、部下との対話時間はしっかり取っていますよ」と言うわりには、チームや部下の真の実態を掴んでいない管理職がいるのはそのためです。

部下の話を「きく」ことは、上司と部下の「創造的対話」をつくるときや、アイデアの

量をUPさせるときなどに、特に求められます。

そのようなときには、第2段階の「思いを『聴く』」レベルを身につけたうえで、第3段階の「問いを『訊く』」ことが必要になります。

なぜなら、その「新たな問い」が次の可能性を導いていくからです。

ところが、会議や打ち合わせになると、「時間がないので、質問は受け付けないよ」と言わんばかりの態度で、上司が会議を早く仕切って進めていく「会議シキラー症候群」になってしまうケースが往々にしてあります。

「シキラー上司」が会議を質問のできない場にして進めてしまうと、部下の安心感がなくなり不信感が募るので、進行には注意してください。

ただ逆に、いくら上司が会議の場で「忌憚なく話そう。何か質問はある?」と言ったところで、部下が話しづらいケースもあります。

それは、上司が部下に伝えるべきことを曖昧にして、本当の思いを隠していることが、部下に見透かされている場合です。

そのような場合、部下にとっては上司が到底話をきこうとする姿には見えず、それどころか身構えているようにすら見えるため、上司に話しにくく、尋ねにくく、質問しづらいのです。

そんな上司の姿勢は、部下の信頼を低下させることに繋がります。

昨今の実例で言うと、デジタル変革を通して組織の効率化を進める反面、職場人員の増強がなく、配置される人が減っていく、ということはよくあります。

例えばそのような場面において、管理職が部下に表面的な方針の説明をするだけで、質問を受け付けない、自分の思いを話さない態度でいると、部下の組織に対する不信感は増していきます。十分に注意してください。

信頼されるリーダーは、早めに情報をオープンにし、新たな問いを増やす。

不信を招くリーダーは、今は言えないと情報を隠し、質問をされないようにする。

22

態度

「こんなこともわからないのか！」を、やめる

信頼を築くリーダーは、「こんなこともわからないのか！」という視点で見るのをやめて、部下に取っている自分の態度に、心配りをしています。

あなたはこの「やめる」戦略を読まれたとき、「『こんなこともわからないのか！』とは、言いたくても言ってないですよ」と思われたかもしれません。

そんな方は、再度、1行目を読んでください。

「こんなこともわからないのか！」という視点で見るのをやめる。

「言う」でなく「見る」のをやめる、です。

「こんなこともわからないのか！」という視点で見るとは、部下より上司の経験値が高いときや、部下より上司が実務を知っているときなどに起こりがちです。

上司が実際に「こんなこともわからないのか！」とは言わなくても、そう思ってしまうような場面で、例えば「両目をつぶる」「ふぅーと溜息をつく」「首を横に振る」といった態度を取ることで、部下にその思いが伝わってしまいます。

直截的な言葉は口にしなくても、その時々に心で思ったことを、知らず知らずのうちに身体で表現してしまっているのです。

このような上司の態度を見た瞬間に、多くの部下は自分のやっている仕事に自信が持てなくなり、遠慮なく話を聞くことができなくなってしまいます。

あなたの職場での何気ない日常に、こうしたケースはありませんか。

もちろん、部下が顧客の情報収集や最適なタイミングでの提案、フォローなど、売上達成や利益向上のための基礎的なことをおろそかにしている場合、具体的に指摘することは必要です。

そんなとき、「こんなこともわからないのか！」と言いたくなることもあるでしょう。

ゆえに上司は、**そのように思ったときこそ自分自身の無意識スイッチを確認する意味で、「こんなこともわからないのか！」という視点で見るのをやめる**のです。

信頼を築くリーダーは、部下の1人ひとりが、わからないことを遠慮なく聞けるようにするために、この「やめる」戦略を静かに取っています。

それは、**自分のリーダーシップにおける心と口と身体の振る舞いを、自分自身で俯瞰できるようにするため**でもあります。

ギリシャの哲学者ソクラテスは「無知の知」「不知の自覚」の学び方を提唱しました。

その学び方とは、どのようなことでしょうか。

それは、**自分には「知がない」ことを、自覚する学び方**です。

「自分自身は何もわかっていない」「自分は知らないということを自分で知っている」というように、自分は何も知らないということに気づいた人の方が、気づかない人よりも賢いという考え方です。

知らないことを深く自覚している人に、智恵は生まれることを示しています。

信頼を築くリーダーは、部下を「こんなこともわからないのか！」という視点で見るのをやめて、自分の態度を見つめます。そして、自分には「知がない」ことを自覚することで、成長を続ける者としての智恵を身につけていくのです。

信頼されるリーダーは、先に自らのリーダーシップを俯瞰し、態度を見つめる。

不信を招くリーダーは、先に部下のわからないことを自慢げに伝える。

第1の柱
環境づくり
部下が安心して働くための
「やめる」

第2の柱
動作づくり
部下が楽に話せるための
「やめる」

第3の柱
傾聴づくり
部下が遠慮なく聞けるための
「やめる」

いまここ

第4の柱
相談づくり
部下が相談しやすくなるための
「やめる」

第5の柱
変化づくり
部下と一緒に変わるための
「やめる」

第4の柱 相談づくり

部下が相談しやすくなるための「やめる」

23

相談

「部下だけに悩ませる」のを、やめる

信頼を築くリーダーは、部下と相談し合って進める関係をつくっています。

あなたの働く職場では、仕事での相談はしやすいですか？

この**「相談がしやすい！」というのは、組織が活性化されていることを明確に示す１つの指標**になります。

相談がしやすいチーム・組織は、「3つの相談の効果」を最大化しています。

それは、どんな効果なのでしょうか。

第1の効果【決める】速さ……「1人で悩む時間」を短縮し、自己決定を速める効果

第2の効果【動く】速さ………「協力者」の拡大が進み、解決への行動が加速する効果
第3の効果【見直す】速さ……「修正の時間」が短くなり、結果の検証が加速する効果

この**【決める】→【動く】→【見直す】という解決のプロセスが、相談しやすいことによって速くなり、「スピード効果」の最大化が可能になる**のです。

ところが、この相談の効果を軽く見たり、忘れてしまったりしている職場をよく見かけます。

「相談」とは、文字にするとたった2文字で、すぐにできるように思えますが、実際にはなかなかしづらいのが現実ではないでしょうか。

それでは、なぜ、組織では相談がしづらくなるのでしょうか?
それは、**自分自身の悩みや弱みを伝える行動になるから**です。
そんなとき、「その弱みを、皆でカバーしていこう」と軽く言う上司の方もいますが、その働きかけは、相談の組織マネジメントを外しています。

相談する部下にとっては、そう簡単ではないのです。
なぜなら、相談しにくい組織の9割には、次のような「暗黙のルール」があるからです。

「相談とは、自分の弱みを相手に知られてしまうこと」。
「悩みを知られたら、足を引っ張られることに繋がる」。
「相談することで、これからの立場が脅かされる」。

信頼を築くリーダーは、このような「暗黙のルール」をつくらないためにも、部下だけに悩ませるのをやめて、チームで相談し合って進める文化をつくります。

その**「働く土台」**や**「対話の基礎づくり」があって初めて、相談しやすい、悩みが伝えられる1対1の関係が育まれる**のです。

しかしながら、クライアント企業で組織開発を支援しているとき、「部下と相談して進める関係をつくっていますか？」とお聞きすると、いまだに上司が部下に対し、上目線で捉えているワードが回答の中に目立ちます。

「そんなの当たり前で、相談しながら進めていますよ、難しくないじゃないですか」。
「うちの部下は、一緒に考えてあげても依存してきます」。

残念ながら、上司がこのように捉えていては、「スピード効果」の最大化は遠くなります。

部下と一緒に考えて進める「相談」とは、部下が安心して話せるという信頼の上に成り立つものです。一見当たり前で簡単なように映りますが、実は高度な組織マネジメントなのです。

あなたの働く組織では、相談し合う関係を築けていますか。

信頼されるリーダーは、部下が「相談」し合う相手、しやすい関係に自らなる。

不信を招くリーダーは、一緒に考えない「相談停止」の行動に気づいていない。

24

言動

「否定的な発言」を、やめる

信頼を築くリーダーは、「否定的な発言」をやめて、部下が行う起案から仕事の可能性を見つけていきます。

これまでの企業支援のコンサルティングを通じて筆者は、上司と部下で相談し合う、さまざまな場面を見てきました。

その中で、部下が上司に大切な何かの起案をしたときに、「もうこれ以上、上司には相談のしがいがない」と語るケースがありました。

相談のしがいがない上司の言動の特徴は、ろくに話を聞かず、第一声に次の4つの否定ワードが入ることです。

「いや、それはね」。
「それは無理だろう」。
「どうせやっても無駄だよ」。
「言い出した人が損をするぞ」。

相談のしがいがない上司の反応ポイントには、「いや」「無理」「無駄」「損」という言葉が見えてくるのです。

つまり、**上司の「否定的な発言」とは、最初から仕事の可能性を打ち消していく言動**を指します。

組織マネジメントにおいて、上司が「どうせやっても無駄だよ」という態度を示すと、それは即、部下に連鎖します。

そして、「うちの上司にはどうせ言ってもムダだよ」という、上下の関係に起こる「ムダ病症候群」に陥ります。

注意点としては、これら「ムダ病症候群」は、上司が部下によかれと思って無自覚で取ってしまっている言動から起こることです。

「ムダ病症候群」が多い企業では、新たな発案量は確実に減って、改善の提案を出す人の声が消えていきます。

結果として、離職者を増加させることに繋がります。

残念なことに、会社組織ではそうとは知らず、次々に改革プロジェクトなどを導入して職場の活性化を図ろうとします。

しかし、**「上下の組織マネジメント」を変えない限り、良い変化は起こらない**のです。

このような「組織の病」に陥らないためにも、信頼を築くリーダーは、「否定的な発言」をやめていきます。

例えば、上司の「どうせやっても無駄だよ」。部下の「どうせ言ってもムダだな」。

この否定的な発言を、素早くやめていくのです。

そして、熱心な部下から新たな挑戦の起案があったときには、仮にリーダーが「いや」と言いたい場面であったとしても、最初からネガティブな発言はせず、

「この提案、もう少し具体的に聞かせてくれないか」。

「今の段階で成功確率は見えないが、何が可能なのかを共に探ってみよう」。

と伝えて、部下の提案に耳を傾けます。

「否定的な発言」をやめることで、上司と部下の相談し合う関係は生まれるのです。

信頼されるリーダーは、部下の熱意から仕事の可能性を見つけていく。

不信を招くリーダーは、部下の提案を最初から自分の言動で打ち消していく。

25

裁量

「自分のリスクから目を背ける」のを、やめる

信頼を築くリーダーは、自分のリスクから目を背けずに部下に仕事を任せ、部下の成長を支えていきます。

本書を読まれている方の中には、こう思われる方もおられるかもしれません。

「リスクを回避して仕事をするのが会社組織ですよ」。

「自分でやった方が早いです。なぜ部下に任せなきゃいけないのですか」。

当然、組織というものは、リスクを回避することで、余計な混乱を起こすことなく、安定的、効率的に成り立って動いています。

では、「自分のリスクから目を背ける」とは、どういうことなのでしょうか。

それは、部下に自分の抱える仕事を任せず、リーダーの取るべきリスクを見ないよう、冒さないようにすることです。

つまり、**自分のリスクや失敗から目を背けることで、部下に新たに判断するための経験を積ませず、部下の考える力や成長の機会を奪うこと**です。

今は、新たな商品・サービスを「小さく生んで早く育てる」ことが求められる時代です。そのためにも、人・物・予算の権限を上司である自分だけに集中させて、自分を通さないと動けない、部下の裁量では判断することができない、必要な場で決めることができないという状況をつくっている、その組織マネジメントを改めることの重要性が増しています。

このようなマネジメントのもとでは何が起こるかというと、部下が何かを聞きやすくなるどころか、真の相談という行動そのものが生まれなくなります。

そして、**顧客の動きに迅速に対応できない「遅い組織」になっていく**のです。

一方、仕事を任された部下はというと、自分で判断して決めることが求められるので、ポジティブに困る状態が次々に発生します。そうして、上司に真に相談します。

部下が上司に真に相談するという行動は、任されているという信頼があって初めて生まれるのです。

さらに、初めての仕事の経験では、誰もが前向きに困って、良い意味での不安定を経験します。そうして、部下の「新能力」が活性化します。

この「新能力」とは何かというと、自分に具わっているが気づいていない、使っていない能力のことです。

上司が部下の成長段階に応じて一段上の仕事を任せることで、部下の決める力が磨かれ、上司のあなたもさらに上の仕事に取り組むことができるようになります。

その結果、**組織へ今までにない「速さ」をつくり込むことが可能になる**のです。

大手メーカーのリーダーGさんはあるとき、部下に指示命令をして進める「トップダウンの管理が成功の近道」という考え方をやめました。

毎日開いていた管理型の会議を廃止して、裁量を職場単位の最前線に任せたのです。

すると、強い台風が直撃した際に現場判断が迅速に進み、育ててきた職場結束力もあいまって、設備の復旧が今までと比較して半分の時間で行えるようなったのです。

信頼を築くリーダーは、自分にしかできない意思決定の業務以外は部下の成長段階に応じて任せ、さらなる人間成長を見守っていきます。

信頼されるリーダーは、部下に裁量を与えて、結束力のある「速い組織」をつくる。

不信を招くリーダーは、自分を通さないとできない「遅い組織」にしている。

26

支援

「任せっぱなしの仕事の与え方」を、やめる

あなたは部下に対し、「任せっぱなしの仕事の与え方」をしていませんか。

この「任せっぱなし症候群」も、「組織の病」の1つです。

仕事を「任せる」のと「任せっぱなしにする」のとでは、行動の本質が異なります。

信頼を築くリーダーは仕事を任せる際、「結果の責任」と「執行の責任」を明確に定め、責任の原則として部下に示します。

例えば、あるプロジェクトを部下に任せる場合、執行の責任は部下に持たせますが、結果の責任は上司が持ちます。

仮に、人や予算に関する裁量の範囲について上司と部下とで合意し、そのうえで部下に

裁量権を持たせるときも、最終的な結果の責任は上司が負うことを約束します。

上司が責任を明確にして仕事を任せると、部下は相談がしやすくなります。

逆に、**「任せっぱなし症候群」の上司は、責任の所在を曖昧にして部下に仕事を任せる行動が目立ちます。**

しかもこのような場合、上司の方に任せっぱなしにしているという自覚がないケースが大半です。

例えば、次のような上司の声をよく聞きます。

「私は、任せっぱなしにはしていません」。
「任せた仕事の報告は会議でしっかりと聞いていますよ」。
「任せた部下には適宜、必要な指示を出しています」。

しかし、こうした声を上げる上司と部下の関係性は、意外と権限委譲が進んでいかず、リーダーシップの取り方を外すケースに繋がっています。

上司が部下の成長状況に応じた任せ方をしていないので、リーダーシップの取り方を外してしまうのです。

では、どのように部下を見て、「任せ方」「支え方」を考えればいいのでしょうか。

信頼を築くリーダーは、まず縦の「協働軸の強弱」と横の「能力軸の高低」のマトリクスで、部下の成長度合いを大きく捉えます。

次に、これら縦横のパフォーマンス度から、4象限で部下のタイプを見ます。

第1のタイプ……【プロ型】任せた仕事をできる能力があり、協働意欲も高く信頼できる
第2のタイプ……【お友達型】協働意欲は高いが、実行能力に部下自身の自信がない
第3のタイプ……【くせ者型】実行能力は高いが、チームでの協働意欲が低く心配がある
第4のタイプ……【アマチュア型】業務スキルが不足しており、部下自身の自信もない

そして、この4タイプそれぞれに合わせ、「リーダーシップの重心」を変えています。

①【プロ型】には、任せて、見守って、必要なときに相談に乗って指摘します。
②【お友達型】には、励まし、助言して、目標実現への進め方を援助します。
③【くせ者型】には、話を聞いて、共感し、仲間として協働を促します。
④【アマチュア型】には、丁寧に指示を出し、報告を求め、業務スキルを教育します。

したがって、**【お友達型】【くせ者型】【アマチュア型】の部下には、「任せっぱなしの仕事の与え方」はやめる必要がある**のです。

あなたが「任せっぱなし症候群」である場合は、部下の成長度合いに合わせた仕事の任せ方を見つめることで、目の前の部下の成長状況が変わり始めます。

信頼されるリーダーは、部下の成長度合いに応じた支援を行っている。

不信を招くリーダーは、部下の成長度合いを見ずに対応を変えていない。

27

役割

「悩みを1人で抱え込む」のを、やめる

本書をお読みいただいている方々には、「自分の業務」「部下の育成」「組織の成果」を進めていくプレイングマネジャーを担われている方が多いと察します。

そして、今、実務の問題を抱えて、苦闘されているのではないでしょうか。

もしそうであるならば、あなたの悩みを解く相談の「やめる」戦略があります。

それが、**「悩みを1人で抱え込む」のをやめて、「7つのリーダーの役割」を使って、相談を進める関係をつくること**です。

この「1人」で「抱え込む」状態を解消するのがポイントです。

チーム・組織において部下が相談しやすくするためには、上司から部下へ進んで悩みを相談する場をつくることが、実は最も効果があるのです。

しかし、悩みを抱え込んでいる上司は、そのことに気づいていません。

それは、なぜなのでしょうか。

それは、上司を無意識に縛っている2つの「暗黙のルール」があるからです。
1つが、「上司は部下に頼ってはいけない」という思い込み。
もう1つが、「悩みを話してしまうと無能に見える」という思い込み。
この2つが、悩みを抱える責任感の強い上司を縛っている「暗黙のルール」です。

ゆえに、上司自身が、大変でも悩みを1人で抱え込んでしまうのです。
あなたには、そのようなことはないでしょうか。

しかし実際には、**上司が悩みを1人で抱え込むのをやめて、チームで相談し合っていく**

と、**部下も自分の悩みをオープンにしやすくなります。**

それは、上司が部下を信じて頼りにしていることが、一瞬で部下に伝わるからです。

上司が「悩みを協力して解決していこう」と言わずとも、自分から悩みを話すことで、上司と部下とで相談を進める、助け合う関係を築くことができます。

信頼を築くリーダーは、悩みを伝える場面で、1つの工夫をします。

それは、**部下の誰でもがリーダーになって助け合える「7つのリーダーの役割」を使い、「どの役割で助けてほしいですか？」と聞き合うことで、相談を進める関係をつくっていく**のです。

それでは、「7つのリーダーの役割」とは、どのようなものでしょうか？

①【突破】リーダー……始める発案、新たな企画を打ち出し、困難を突破する役

②【作戦】リーダー……動かす戦略、展開を数字と実行の絵に描き、論理的に説明する役

③【継続】リーダー………果たすべき結果に向けて粘り強く継続し、提案の形にする役
④【共感】リーダー………皆の話に耳を傾けて悩みを汲み取り、共感の対話をする役
⑤【仲間】リーダー………人と人の能力を結びつけて、わかり合える仲間をつくる役
⑥【アイデア】リーダー…目標の実現へ向けて、実行のアイデアを出していく役
⑦【リスク】リーダー……進捗確認を怠らず、日々の計画に気配りし、危険を伝える役

信頼を築く上司は、1人で悩みを抱え込まず、「7つのリーダーの役割」に合わせて、自分と部下の得意、不得意を見つけます。

そして、**悩みを解決するために部下1人ひとりがリーダーとなり、相談を進めて助け合う関係を築いていく**のです。

信頼されるリーダーは、自分の悩みを「7つのリーダーの役割」を使って相談する。

不信を招くリーダーは、自分の悩みを語らず、部下の悩みだけを言わせる。

28

求援

「助言を求めないでいる」のを、やめる

これからの時代のチーム・組織には、上司と部下、人間と人間が「助言し合う関係」を深めていくことが必要になります。

なぜなら、**1人ひとりの可能性の最大化がキーになるから**です。

上司と部下が実際にやってみないとわからない経験を積んで、お互いに助言し合う関係性を持っているほど、智恵を出し合う行動量が増えていきます。

そして、部下の仕事に速さが生まれていきます。

それは、相談した「解」があるからです。

この「解」とは、会うべき重要人物・働きかけるべき組織などの「必要な情報」や、「予算を動かすニューアイデア」、「困難を突破する実行方法のヒント」など、部下の1人ひとりが、相談の成果として得るものです。

ゆえに、**まずはあなたと部下から始め、チーム・組織全体で「上意下達だけの関係」から「助言し合う関係」へと広げていってください。**

そして、「助言し合う関係」を広げていくタイミングで必要になる力があります。

どんなものでしょうか。

それは、「求援力《きゅうえんりょく》」という力であり、**相手に助けを求め合うスキル**です。

「求援力」を発揮しやすくするためには、誰でもがリーダーになって助け合える「7つのリーダーの役割」を、組織の共通言語にします。

例えば、このようなことです。

「この案件の【突破】の役割を、私が担う」。

「このプロジェクトで成果を出すには、【作戦】と【継続】の役割が必要だ」。

「Aさん、必要な数字を組み立てたい。私の苦手な【作戦】リーダーになって助けてくれないか」。

「Bさん、顧客へのプレゼン提案、私が不得意な【継続】リーダーになって支えてほしい」。

「Cさん、あなたのリサーチ能力を活かし、【アイデア】リーダーになって助言をくれないか」。

信頼を築くリーダーは、「7つのリーダーの役割」を使って助けを求め、部下に何が期待されているかを教えます。

つまり、**「求援力」を通して、部下の強みを活かした「助言し合う関係」をつくり、皆で成果を早く出すことを目指していく**のです。

部下の1人ひとりは「7つのリーダーの役割」を担うことで自らもリーダーとなり、上司をどのように支えて何を助言し合えばいいか、イメージできるようになります。

こうして助言し合い、相談を進める関係を、広げていくことができるのです。

昨今、相手を支える「支援力」の方法論は確立されていますが、進んで助けを求める「求援力」の方法論は、まだまだ貧弱です。

本書を通じて、「求援力」の実践知を身につけていただければと思います。

求援のコツは、「7つのうち、今どの役割で助けてほしいですか?」と先に上司から部下へ聞くことなのです。

信頼されるリーダーは、助言を求め合い、自分の能力以上に求援の結果を出す。

不信を招くリーダーは、自分の能力範囲を超えられず、求援の声を見過ごす。

29

内省

「部下だけに内省させる」のを、やめる

あなたの働く職場では、上司から部下へ次のような言葉はありませんか。

「この仕事のPDCAサイクルを、もっと早く確実に回さないとダメだ」。
「ほら、取り組んだ仕事を、やりっぱなしにするな」。
「プロジェクトにおける自分の結果を、リフレクションの方法を使って内省しなさい」。

企業のコンサルティング現場では、このような、上司から部下への「結果を振り返って内省せよ」との指示をよく耳にします。

しかし、このような上司の一方通行の言い方だけでは、部下には伝わりません。

もちろん、仕事の結果を1つひとつ振り返り、自分を見つめる内省は必要不可欠です。

ただし、部下が内省を通した「C（評価）」ができるようにしていくためには、上司が押さえるべきポイントがあります。


それは、**部下に指示を出すだけではなく、上司自身が自分の内省を行うこと**です。

部下に内省を指示する前に、上司自身が日々の内省を心がけ、静かに行っているかが、上司と部下で「内省し合う関係」をつくるキーポイントになるのです。


残念ながら、自らを振り返る内省を行わない「成長しない上司」が増えています。

このような上司は、自分の打ち手を外していることに気づいていません。

これは、昨今の組織マネジメントの重要な問題です。

逆に、自らの成長を目指す上司のもとには信頼が集まり、会議も活性化します。

上司から内省を進めると、組織全体の内省が深くできるようになるのです。


あなたの組織では、四半期の数字の結果が出たとき、会議をどのように進めていますか？

目標実現のための「未達の原因分析」「今後の実務課題」「売上計画の改善策」など、PDCAのサイクルを回して会議が進められているでしょう。

よく見る光景に、上司が部下の甘さを指摘して改善を促すという、管理に徹する姿があります。

部下は未達の原因を報告して、新たにアクションプランの見直しを伝える。

これは、どこの会社組織でも行われている会議の風景かもしれません。

確かに、こういった行動プロセスは当然必要です。

しかし、**信頼を築く上司Xさんは、次のような問いを投げかけ、未達会議に流れる「暗黙のルール」にゆらぎを与え、自分自身を振り返ります。**

「私達は数字の未達を達成へと変えるために、組織全体で真に反省しているだろうか」。

「未達会議が、上司の数字管理と部下の結果弁明の建前に終わってはいないだろうか」。

「会議をオンラインから対面に変えても、中味を変えなければ結果は同じではないか」。

「この内省は、皆と考えたい問いとして伝えているが、上司の私自身に向けている」。

Xさんは、この問いから1人ひとりの思っていること、意見に耳を傾けていきます。

そして、皆の話を聞き終えて、自分自身から具体的に語り始めるのです。

「新しい管理の方法を、私のマネジメントを変えることから始めていきたい」。

「具体的には、これから部下だけに内省させることを、やめる」。

「数字の結果を踏まえて上下で内省した気づきを語り、学び合う場へ変えていこう」。

部下の数字の結果と、上司のマネジメントを同時に良くしていくことを目指します。

こうして**上司の内省を部下に示すことで、変化への期待感を高めていく**のです。

信頼されるリーダーは、部下の内省と上司の内省を2つに分けない。

不信を招くリーダーは、自分自身の振り返りをせずに、部下だけに反省を語らせる。

30

評価

「弱みを見せると評価が下がる！」を、やめる

上司と部下の関係には、相談がしにくい最大の「暗黙のルール」があります。
それは、「弱みを見せると評価が下がる！」という思い込みです。

しかし、**信頼を築くリーダーは、「弱みを見せると評価が下がる！」という捉え方をやめて、目標実現へ部下が相談しやすい関係をつくっていきます。**

「暗黙のルール」を変化させ、会議のあり方を変えたケースを紹介します。

ある企業で事業部の責任者であったAさんは、会議開始と同時に開口一番、「今期の結果は、皆で仕事のやり方を変えて、業績を上げることに繋げられなかったものだ。その責任は私にある」と深々と頭を下げ、「この会議の進め方から変えたい」と提案しました。

それは、これまで「部下から行う進め方」で行っていた四半期の振り返りを、「上司から行う進め方」へ変えようという第一声でした。

そして、「トップリーダーである私から始める」という、結果に対する懺悔や言い訳でない、Aさん自らの反省と気づきを語ったのです。

会議のやり方を変えたいというAさんの反省の声を聞き、部下の1人ひとりは、その振り返りの仕方を学ぶと同時に、事業の結果を変えたいというAさんの深い思いを知ることとなりました。

そこから部下達は次々に、数字の結果を見つめながら自分の行動を振り返っていきました。

D社の顧客情報が掴み切れずに企画提案が理解されなかったこと。
自分のプレゼンスキルに関して今期の課題が克服できていなかったこと。
自分の確認ミスでL社向けのチームの計画が進められなかったこと。

このように、部下達が自分の行動と向き合うことで、細かな基礎行動の1つひとつが数字の未達に繋がっていることに気づき、その振り返りを正直に語り始めたのです。

Aさんが取ったリーダーアプローチは、「部下の反省力」と「組織の達成意欲」を同時に引き上げることとなりました。

これは、Aさんが目標未達の責任と正対し、自分の弱みを見せながらマネジメントを変えたことに、部下達が驚いたからです。

その部下1人ひとりの驚きは、「予算数字の達成ができなかったことで、責任者のAさんに恥をかかせてしまった」という罪悪感へと変わり、目標実現に向けて上司と部下とで「組織の反省」を進めていくことに繋がりました。

そうして新たな会議の進め方をつくっていき、挑戦の火種を灯すことに成功したのです。

上司と部下とで結果に向き合い、真の「組織の反省」ができるようにするためには、次の「3つのポイント」をしっかりと押さえ、徹底していく必要があります。

第1のポイント……目標実現への振り返りは、自分達の打ち手と結果を省みること。
第2のポイント……目標実現への振り返りは、弱みを見せて評価を下げることではない。
第3のポイント……目標実現への振り返りは、実現する方法を見つけるために行うこと。

この3つのポイントを決めてルール化することで、組織マネジメントは大きく変えていくことが可能なのです。

こうしてAさんは、人間成長を通して組織の成長を育み、事業の結果を変えていく挑戦を、部下と共に続けています。

信頼されるリーダーは、自分の責任と正対して評価し、目の前の現実を変えていく。

不信を招くリーダーは、自分で責任という言葉を語れず、部下の結果を責める。

第1の柱
環境づくり
部下が安心して働くための
「やめる」

第2の柱
動作づくり
部下が楽に話せるための
「やめる」

第3の柱
傾聴づくり
部下が遠慮なく聞けるための
「やめる」

第4の柱
相談づくり
部下が相談しやすくなるための
「やめる」

いまここ

第5の柱
変化づくり
部下と一緒に変わるための
「やめる」

第5の柱 変化づくり

部下と一緒に変わるための「やめる」

31

観察

「現状維持でいる」のを、やめる

信頼を築くリーダーは、現状維持でいることをやめて、上司と部下とで仕事の「あり方」「任せ方」「やり方」を変えていきます。

あるグローバル企業で、ビジョン、バリューをトップと社員が一体となって策定し、これを判断基準にするべく、「働きがいを高める顧客貢献プロジェクト」を開始したときのことです。

この会社で働くVさんは事業部のリーダーで、部下をまとめるミドルマネジャーです。

Vさんは、**会社全体が顧客貢献へと意識を向けて変わっていこうとするこの機会を、自分と部下がどう捉えるかで、目の前の現実が決まる**と考えました。

そこで、会社が取り組もうとする変革の中身や、目指すゴール、アウトプットなどの計画について、社長や推進事務局からの話を聞いたうえで、部下との対話会を開き、その反応に耳を傾けました。

部下1人ひとりからは、さまざまな意見が出てきました。


「綺麗事でどうせ何も変わらないよ」。

「また変な仕事や雑務が増えるだけだ」。

「会社が何をやりたいか、まったくわからない」。

「トップと事務局のやりたいことが合ってないよ」。

「進め方が各事業部への丸投げじゃ話にならない」。


Vさんは、それらの意見を聞きながら、部下達が次の「4つの部下モード」のどこにいるのか、観察していきました。

①【現状維持】モード……今のままでいい、何も問題ないよ、時間を取られたくないよ

②【様子見】モード……皆で変わることは必要だが、やったことが評価されるのか
③【やる気】モード……やっと会社と組織がその気になった、これはチャンスだ
④【実行】モード……自分達の実務を通して、上下の仕事の「あり方」「任せ方」「やり方」を皆で話し合い、即、変える行動に入ろう

つまり、部下達が初期段階で、どのモードに、何人いるのかを見定めるのです。

そして、その部下達を「3・5・2の分布」で捉えて導きます。

「3・5・2の分布」とは、どのようなことでしょうか。

それは、**【実行モード】と【やる気モード】が合わせて3割、【様子見モード】が5割、【現状維持モード】が2割という分布のこと**です。

上司と部下とで仕事の「あり方」「任せ方」「やり方」を変えていくアクションを準備し、できることから実行しようとする人達で始めます。

現状維持をやめて、まずは3割の部下が前向きになるよう、組織を良くする流れをつ

くっていくのです。

ここで、あなたには、次のような問いが生まれるかもしれません。

「会社が組織の文化を変えようというきっかけがあればいいですが、私の職場では、そんな機会はありません。その場合はどうすればいいのでしょうか？」。

信頼を築くリーダーは、たとえ会社全体の変革機会がなくても、自らが進んで現状維持でいることをやめます。自分にできる身の回りのことから、部下と一緒により良く変えるアクションを取っていくのです。

そうして、自分達の小さな変化を、きっかけの渦にしていきます。

「自分と部下の現状維持は、退化の始まり」と捉えているのです。

信頼されるリーダーは、仕事の「やり方」を、部下と共に面白く変えていく。

不信を招くリーダーは、説明に時間をかけるわりには、自分の「やり方」を変えない。

32

実行

「試さない」ことを、やめる

あなたは、自分が学んだ知識をどのくらい、自分自身で試していますか？

私達は、好奇心の赴くまま、知りたいことは貪欲に調べて、活字を読んだり、考えたり、メモを取ったりします。

ただ、**ここで残念なのは、多くの人が知識を得たことで満足してしまい、実際に試してみようとしないこと**です。書籍から掴んだ知識を何かに使ってみよう、実際にやってみようとする人は、意外と少ないのです。

しかし、結果を導く信頼されるリーダーになるためには、学んだ内容を知って終わりにしないことが大切です。

学んで知った「知見」を実際の「行動」で試し、自らの「体験」へ変えていくようにするのです。

例えば、大学教授のZさんは、学生との「履修ルール」として、「大学の講義やゼミで学んだ知識を1つでも実際の生活やアルバイトで試そう」ということを定め、皆で試して学び合う環境づくりを進めています。

それにより、学生達は講義で学んだことを、次々に自分の生活や仕事で試していくようになります。この試す力を「社会実験力」と呼んでいます。

実際に試してみなければ、「課題の実現」と「問題解決」へは近づけないのです。

また、筆者はこれまでの企業支援を通して、学んだことを行動で試す人と、評論だけで終わる人の双方を見てきました。

しかし、実務の現場では、試してみないと見えないことが無数にあります。

試さない人は大抵、調べて、調べて、調査して、できない理由を述べて終わります。

このような、試さない人の実態を「リサーチ・リサーチ・ノンアクション病」と呼んでいます。

調査先行で計画だけして動かない、「計画9割・実行1割」の「試さない組織」です。

逆に、学んだことを行動で試すリーダーは「アクションリサーチ型」と呼びます。仮説を立てて行動を起こし、起きた反応を見ます。そして、その反応をもとに次の方法を考え、メンバーと一緒に実行を続けていきます。

先述したZ教授と学生のケースでも、学んで終わりにせず、得た知識を生活や仕事で試した後、アクションリサーチで反応を振り返って考えます。

行動を起こした結果、得られた気づきや自らが省みたことを、実験レポート（実レポ）にまとめるのです。すると、行動に基づく気づきや知見が、リアルに整理されていきます。

さらに、それをチーム全体でシェアし合うと、学びを一層深める効果が得られます。

つまり、**得た知識を実行に移し、掴んだことをアウトプットすることで、誰でも、即、**

自分の言葉で伝えられ、「学び方を学ぶ」方法が掴めるようになるのです。

信頼を築くリーダーは、「試さない」ことをやめて、上司と部下とで学び合い、変化していく過程で共に変わることのできる「3つのプロセス」を生み出しています。

①【試す】プロセス…………掴んだ知識を、1つでも必ず試していく
②【省みる】プロセス…………試したことを振り返り、気づいたことを語り合う
③【学び合う】プロセス………上司と部下、チーム全体で、学び方を学び合う

この3つの実行プロセスを通して、上司と部下とで一緒に変わっていくのです。

信頼されるリーダーは、自分で試し、部下と学び方を学び合う。

不信を招くリーダーは、過去のデータ重視で、部下と学びを深めない。

33

心理

「怖れを抱く」のを、やめる

昨今の組織開発コンサルティングの現場で見かける場面の1つに、**上司や同僚が、優秀な部下に恐れを抱くこと**があります。

例えば、中途入社で即戦力として活躍する人を部下に持ったとき、あなたならどう感じますか？

ポジティブに感じる方の思いとしては、このようなことでしょうか。

「これはまさに天の采配だな」。

「一緒に闘ってくれる仲間が増えてありがたい」。

「目標の実現に向けて、来てくれてとても助かる」。

「うちのチームで新たな経験を積んで、さらに成長してほしい」。

逆に、ネガティブに感じる方の思いとしては、このようなことがあるかもしれません。

「この人は私より知識、経験、実績を持っている」。

「ちゃんと私の指示を聞いて動いてくれるだろうか」。

「この人が来ることで自分のポジションが脅かされるのではないか」。

このように、ポジティブに捉える人とネガティブに捉える人双方のお話をお聞きします。

不思議と、働く人間と人間は、最初に感じたことが皮膚感覚で相手に伝わります。

やはり、後者のようなネガティブケースでは、上司と部下の関係はうまく進みません。

それは、上司が自分中心の考え方になってしまっており、自己保身で物事を捉えているからです。相手や部下自身のことを見ているようで、見てはいないのです。

このような捉え方では、新たな部下を成長へと導き、共に変わることはできません。

しかし、このような部下に対するネガティブな感情は、誰もが持ちやすいものでもあります。

それはなぜかというと、人間は強い「3つのエゴ」を持っているからです。

第1のエゴ……【自己顕示欲】自分中心でしたい、よく見せたい、認められたい欲望
第2のエゴ……【自己劣等感】相手と自分を比べて、劣るところに嫉妬を覚える感覚
第3のエゴ……【自己防衛本能】相手から責められると疑い、自分を守ってしまう本能

心の中に具わっているエゴは、なくすことはできません。

そこで、**この「3つのエゴ」を自分自身でつかまえているかが分岐点**になります。

では、どのように捉えていけばいいのでしょうか。

今、あなたが持つネガティブな感情を自らが知り、自身に具わる心の働きとして見つめると、不思議と気持ちが落ち着いてきます。そして、今、抱いている感情や、その感情をもたらすエゴについて、自分自身で正直に、素直に、気づけるようになります。

あるスタートアップ企業のトップリーダーと優秀な部下との対話場面です。

部下「今度の顧客案件、事業利益を20％増にするには、○○論のしくみが使えます」
上司「私は、その理論のしくみが勉強不足でわかりません」
部下「えぇ、そうなのですか」
上司「面白いのでぜひ教えてください。チーム全体でその智恵を活かしましょう」

このリーダーは自己劣等感を受け入れて教えを乞い、部下との信頼を築くことに成功しています。

信頼されるリーダーは、エゴを見つめて弱さを受け入れ、より強く変わっていく。

不信を招くリーダーは、エゴに気づかず、自己保身の中で信頼を築けない。

34 変化

「自分本位」を、やめる

組織支援でこれまで出会った、信頼を築くプロフェッショナルリーダーは、「自分本位」で捉えることをやめて、「相手本位」で接しています。

具体的な行動を紹介すると、**接する相手への「目配り」「気遣い」「心配り」を進んで行い、相手の「嬉しいこと」「喜ぶこと」「楽しくなること」をしてあげる**のです。

誰にでもできる行動の1つとして、相手がしてくれた些細なことを見逃さず、「○○さん、ありがとうございます」と感謝の気持ちをすぐに伝えることがあります。

その反応から、相手に良く思われても、けして「驕らない」「有頂天にならない」ように心がけ、行動をあらためるのです。

仮に、相手と意見が合わなかったり、ぶつかったりするような場面でも、「あの人はダメだ」「前からそういうことを言ってしまう人だよ」などと**相手との境界線を引かず、最後までお互いが理解し合える関係を目指し、「自分本位」をやめる**のです。

こうした信頼を築くプロフェッショナルリーダーには「10の特徴」があります。

あなたも一緒に、チェックしてみてください。

第1の特徴……常に前向きに行動している
第2の特徴……部下に笑顔と明るい姿を自然体で見せ続けられる
第3の特徴……チームや組織の全体を良くしようとする考えを持っている
第4の特徴……1人ひとりが可能性を拓き、人間成長できることを信じている
第5の特徴……リーダー自らが、先に変わっていく姿を見せている

第6の特徴……ビジョンの達成に向けて、決断することを心がけている
第7の特徴……厳しい局面が続く中でも、部下と希望を育てている
第8の特徴……人の話を学びながら聞く姿勢を、崩さないでいる
第9の特徴……部下にとって、信じて頼れる心強い存在でいる
第10の特徴……部下と共に、目標実現へ約束を果たす信念がある

この10の特徴に照らして、あなたが該当するものを確認していくことで、あなた自身の「信頼を築くプロフェッショナルリーダー」度合いを把握できます。

そして、該当する行動を増やしていくことで、リーダーとして変化していくことができます。

また、この「10の特徴」を持つ上司・リーダーのもとで働く部下には、具体的な「3つの声」があります。

①「上司の○○さんと会うと、なぜか元気になれます」
②「○○さんのチームでは、1つひとつの行動に、達成感が持てます」
③「うちのリーダーと一緒に働くと、自分の成長が実感できるのです」

このように、**信頼で結ばれる上司と部下は、リスペクトし合える関係を築いている**のです。

信頼されるリーダーは、自分1人の限界を知り、変化しながら組織を良くしていく。

不信を招くリーダーは、自分の能力を過信して部下を疑い、離職者を多く出す。

35

責任

「能力を疑う」のを、やめる

信頼を築くリーダーは、部下の能力を疑うことをやめて、責任を取る姿を見せていきます。

先日、ある企業の事業部リーダーRさんと話し合った場面です。

筆　者「昨日は今期の売上と利益結果の数字が出ましたね」
Rさん「この結果を部下と一緒に振り返り、新たな気づきを得ました」
筆　者「結果の振り返りを、どのように進めたのでしょうか」
Rさん「目標数字に10％足りない敗因を具体化すると、自分の驕りが見えました」
筆　者「それは、どのような驕りだったのでしょうか」

Rさん「私自身が、目標実現に向かう中で、部下の能力を疑っていたことです」
筆者「能力を疑っていたことに、なぜ気づけたのでしょうか」
Rさん「私が疑っていることで、部下が自信を持って動けていなかったからです」
筆者「数字の結果に、施策と行動の奥にある『能力への疑い』を掴まれたのですね」
Rさん「同時に今回の振り返りで、利益とは何かを皆で問いました」
筆者「その問いから、どのような結論に至ったのですか」
Rさん「利益とは、事業を通した『社会貢献の証だ』ということです」
筆者「事業部の利益は、社会貢献の結果であり、証と捉えられた」
Rさん「もちろん、結果の責任は私にあり、部下には責任を取ると伝えました」
筆者「逃げないという腹を括られたうえで、部下と『利益の意味』を定められた」
Rさん「私達は、顧客が成功するまでご一緒する仕事の進め方をしています」
筆者「ゆえにRさんは、自分の言葉でそう言える」
Rさん「結果を立て直して共に変わるため、部下の能力を疑うのをやめると伝えました」

このリーダーRさんは、自分達ならではの社会貢献を、スローガンや綺麗事、美辞麗句に終わらせていません。

自らの結果責任を自分の言葉で語り、敗因を明らかにしたうえで、上司と部下で数字を背負う責任を問うています。


では、このリーダーが語った「責任を取る」とは、どのようなことなのでしょうか？

一言で語れば、「その問題を解決すること」です。

責任には、「3つの重要な意味」が具わっています。

第1の意味【決定】の責任……最終的に決めることを1人が負う責任
第2の意味【実現】の責任……目標を部下と共に実現していく責任
第3の意味【解決】の責任……進まない問題を解決することを担う責任

つまり、**責任を取るとは、辞任することではなく、【決定】【実現】【解決】を果たすこと**なのです。

信頼を築くリーダーは、自らが部下と正対し、次のような言葉を腹から語ります。

「私が責任を取る」。

「思いっきりやってくれ」。

「いい夢、一緒に見ようじゃないか」。


リーダーの言葉が届く組織では、「やれ」と言わなくとも、部下が仕事を通して挑戦と変革を一緒に進めていきます。

それは、リーダーの持つ、一緒にやろうという意志が、部下に伝わるからです。

リーダーとは「結果を導く人」であり、リーダーシップとは「結果を導く働きかけ」なのです。


信頼されるリーダーは、敗因を明らかにして、責任を取る姿を部下に見せる。

不信を招くリーダーは、自分の言葉で語れず、諦めた顔を部下に出す。

36

意志

「管理型のマネジメント」を、やめる

信頼を築くリーダーは、管理型のマイクロマネジメントをやめて、部下と自分の「意志」を組織の宝へと変えていきます。

あなたは今、働くことを通して部下の実現したいことを、知っていますか。

「私はこうしたい」「この問題を解決したい」という【熱望】。
「今なぜ、それをやる意味があるのか」を問う【哲学】。
自らが実現したいことを経験し、行動を起こす【実践知】。

【人間ならではの熱望】【人間ならではの哲学】【人間ならではの実践知】が、これからの

組織マネジメントには欠かせない要素になっていきます。

それは、なぜなのでしょうか。

これらは、生成ＡＩには代替できず、人間にしか行えないことだからです。

これからの時代を見つめたとき、目の前の現実を一歩でもより良く変えていきたいという、上司と部下双方の「変わろうとする意志」「実際に行う体験」こそが、組織の宝になる時代を迎えています。

それゆえにあなたは、次世代を見据えて管理型のマネジメントをやめ、部下１人ひとりの「意志」を掘り起こし、育み、一緒に磨くことを、たえまなく実践していってください。

では、なぜ、管理型のマイクロマネジメントをやめる必要があるのでしょうか。

それは、**管理型マネジメントの限界が来ているから**です。

特に昨今の組織では、「三大管理病」が顕著だからです。

①【不信病】………管理する側と管理される側の線引きを強め、働く人を疑う病
②【忙し病】…………とにかく忙しく、細かい管理の比重が増え、体調を崩す病
③【受け身病】……自ら主体的に問い、発案する力が奪われる受け身の病

あなたの働く組織では、この「三大管理病」はありませんか。

チェックしてみてください。

特に残念なのは、組織における「三大管理病」から部下のネガティブモードが蔓延し、
このような声を聞くことです。

「この職場で働いていても、自分自身の成長が感じられない」。

「管理職の働きがいがなく、忙しいだけだからなりたくない」。

「未来展望やビジョンが見えず、魅力を感じないので離職します」。

これらの【不信病】【忙し病】【受け身病】は、管理を強めることによって発生し、連鎖するものであり、誰もが感じている「組織の病」です。

マイクロマネジメントをやっていては、問題の本質である根元を断つことはできません。

信頼を築くリーダーは、この「組織の病」を予防、克服することに目配りします。

それゆえに、できるところから管理型のマイクロマネジメントをやめ、部下と共により良い道をつくっていくのです。

信頼されるリーダーは、部下と自分の「意志」を、組織の宝へと変えていく。

不信を招くリーダーは、管理を進めて、疑う目線を強めていく。

37

成長

「離職者を引き留める」のを、やめる

今の日本では少子高齢化が進み、働き手不足で悩まれているトップリーダーと、中間管理職のミドルの声が多くなっています。

「即戦力だと思って採用しても、すぐに離職してしまいました」。
「新卒で入って、やっと育てて、これからというところで転職します」。
「まだまだ手を貸してほしいベテラン勢の退職が進んでいます」。

これら「離職」「転職」「退職」という、組織を離れるお話や報告を聞く機会が増えています。

まさに、**働く人々が、1つの会社に「蓄積されるもの」から「移動するもの」へと変化する時代に入っている**のです。

これからの「ビジネスパーソン大移動時代」では、いかなる人材の備えが必要なのでしょうか。

普通の管理職なら優秀な部下の離職に対し、引き留めるための手立てをいろいろと打ちます。

しかし、信頼を築くリーダーは離職者を引き留めず、話があった段階で快く送り出す気遣いを見せています。

なぜ、離職する人を、快く送り出すことができるのでしょうか。

それは、その人が一緒に闘ってきた「仲間」であり、「同志」だからです。

ある意味では、リーダー自身の耳に離職の話が入った時点ですでに決着がついていることを、誰よりもよく理解しているからだとも言えます。

それゆえに、信頼を築くリーダーは転職の機会も活かし、部下との信頼をさらに育み、快く送り出すのです。

これからの「ビジネスパーソン大移動時代」では、次の職場に行ったときも、前職のチーム・組織で貢献して働いていたことが良い評判となり、人と組織の信頼をより高め合うことができる時代です。

その信頼があることで、離職して移った会社と協業したり、復業で事業の資源を補完し合い、コラボ商品やサービスの開発を進めたりするきっかけにもなりえます。

さらに、人材の交流を活発に行うことで、新しいビジネスを育てて顧客の課題解決に繋げることもできます。

つまり、**信頼で結ばれた人間の絆を活かし、部下の1人ひとりが離職してからも、さらなる「盟友」へと関係を深め、一緒に変わっていくことが可能**なのです。

あるクライアント企業での一場面をご紹介します。

リーダー「荻阪さん、今月末で離職する部下を、ぜひ勇気づけてあげてください」
筆　者「あの部下の方がお辞めになると、事業的に厳しくなりますね」
リーダー「本当は困っていますが、次の職場で私以上の人材になってほしいのです」
筆　者「ゆえに、引き留めないのですか」
リーダー「【突破】の部下が社会問題を解決する職業を見つけたので、快く送り出します」
筆　者「それが部下に見せ、伝えている『リーダーの変わる姿』なのですね」

このリーダーは、離職時においても「部下の成長」を支え、関係を深めて、次の組織・社会へと送り出す「信頼によるマネジメント」に徹しています。

信頼されるリーダーは、部下が自分以上の人物へ育つことを信じ、送り出す。

不信を招くリーダーは、部下の離職後、裏切りのレッテルを貼って関係を断つ。

おわりに

信頼を築くリーダーは、組織をポジティブなカルチャーへ変えていく――

本書を最後までお読みいただき、ありがとうございました。

最初に、本書の編集を担当していただいた、ぱる出版の岩川実加さんに感謝します。岩川さんとの出会いが、「1冊の作品」を世に送り出しました。

また、これまで未熟な筆者を導き、学ばせていただいた、宿縁深き恩師、仲間の皆様に深く感謝いたします。ありがとうございました。

「信頼されるリーダーは、何をやめるのか？」

これが、本書を貫いている「問い」です。

本書でご紹介したシーンの1つひとつから、「信頼されるリーダー」と「不信を招くリーダー」の違いを、37の「やめる」戦略を通して、明らかにしてきました。あなたの「アクション（やめる）」を通じて、部下が自発的に動くという「リアクション（反応）」の芽が生まれてきます。リーダーが「やめる」ことで、部下との関係を通して、組織を「ポジティブなカルチャー（文化）」へと変えていけるのです。

読者の皆様には、このポイントを押さえたうえで「5つの柱」から「やめる」戦略を使い、ご自身と部下とのあり方を見つめていただければと思います。そして、あなたが幸せに働けることを願っています。

最後に、霊山に旅立った父、昇太郎と、長女の藍乃《あいの》に本書を捧げます。

いつも温かく執筆を見守ってくれた家族の祐子、勇人、常人、洋江に感謝します。

今年で89歳になる明るい母の姿から「生きる信頼」を学びます。

2025年3月

荻阪哲雄

荻阪 哲雄（おぎさか・てつお）

変革の実践アドバイザー／組織開発参謀®
株式会社チェンジ・アーティスト代表CEO

東京・浅草生まれ。多摩大学大学院経営情報学研究科修士課程修了。警視庁を経て、社会人教育系のベンチャー企業でビジネスをゼロから学び、経営研究所のプロジェクトマネジャーに転身。コンサルティングの新事業立ち上げに従事。1994年、企業風土改革コンサルティングファーム（株）スコラ・コンサルトの創業期に参画。クライアント組織の顧客リピート率が10年間で90%以上に達し、2005年パートナー就任。2007年、独立。変革メソッド『バィンディング・アプローチ®』を考案し、株式会社チェンジ・アーティストを設立。代表取締役に就任。2016年多摩大学経営情報学部客員教授、2020年多摩大学大学院（MBA）ビジネススクール客員教授に就任。これまで大企業からスタートアップ企業までをコンサルティング支援し、17000名以上のリーダーの意思決定を後押ししている。ビジネスパーソンの「リーダーシップ」を支え「働くカルチャー（文化）」が変わるための「やめる」戦略を広める日本唯一の組織開発参謀®である。著書に『結束力の強化書』（ダイヤモンド社）、『リーダーの言葉が届かない10の理由』『社員参謀ー人と組織をつくる実践ストーリー』『成長が「速い人」「遅い人」』（日本経済新聞出版）などがある。

▶メールアドレス　ogisaka@changeartist.jp
▶チェンジ・アーティスト公式サイト　http://www.changeartist.jp

信頼《しんらい》されるリーダーになるための37の「やめる」

2025年4月3日　初版発行
2025年5月8日　2刷発行

著　者　荻阪哲雄
発行者　和田智明
発行所　株式会社　ぱる出版

〒160-0011　東京都新宿区若葉1-9-16
03(3353)2835－代表　03(3353)2826－FAX
本書籍に関するお問い合わせ、ご連絡は下記にて承ります。
https://www.pal-pub.jp/contact
印刷・製本　中央精版印刷（株）

ISBN978-4-8272-1500-7　C0034